建築設計テキスト
高齢者施設

山田あすか・古賀誉章 著
建築設計テキスト編集委員会 編

彰国社

建築設計テキスト編集委員（50音順）
金子友美（昭和女子大学）
古賀誉章（宇都宮大学）＊
恒松良純（東北学院大学）
積田　洋（東京電機大学）
藤田大輔（福井工業大学）
松永英伸（東京電機大学）
山田あすか（東京電機大学）＊

＊印は「高齢者施設」担当編集委員

装丁・本文デザイン　伊原智子（るび・デザインラボ）

まえがき

　本書は、2008年から2009年に刊行された一連の設計テキストシリーズの「事務所建築」「住宅」「集合住宅」「商業施設」の第2弾として編まれたものである。本書は新たに立ち上げられた建築設計テキスト編集委員会のもと、既刊「図書館」「併用住宅」「保育施設」に続くもので、第2弾の最終刊となる。

　建築の設計は、用・強・美の3要素によって、時代や地域性を映す社会的な要請や条件に応えて具現化することに加え、新たな時代や地域の旗手となるべく、あるべき姿を提案していく行為である。これによって、人間の豊かな生活の空間をつくり、守り、育てていく責任を建築の計画と設計は担っている。

　本書は、そうした建築設計のうち、特に初学者に向けた教科書として編纂されたものである。建築学や関連分野の専門知識を学ぶ大学や工業高等専門学校、工業高校では、設計製図はカリキュラムの基幹科目として多くの時間を充てられている。建築計画や建築構造、建築環境などの講義科目での知識を統合しひとつの建築としてまとめ上げる設計製図の演習は、建築の専門家としての技術と知識を取得するうえで極めて重要である。筆者らが日々の設計製図指導にあたるなかで非常に大切だと感じるのが、その建物を使う人々の姿や生活をいかに具体的にイメージができるか、である。建築はオブジェにあらず。人の暮らしの器であり、時に人を規定し、あり様を指し示すものである。利用者のための、地域のための、建築をつくることを目指し、設計製図科目での取組みの傍らに本書を置いてほしい。また、実務家が高齢者施設の計画・設計を現場のスタッフや運営者らと考えていくとき、基礎的な知識の共有のガイドブックとして、役立てば幸甚である。

　高齢者施設の建築計画上の特徴は、一口に高齢者と言ってもそれぞれの生活歴や嗜好、必要な支援が異なる様々な「一人ひとり」の生活の場として、その多様性や刻々と変化していく心身の状態に対応することが求められることにある。このため、高齢者施設は通所／入所、医療型／介護型、（準）自立型／認知症対応型／重度要介護状態対応型、と性格が異なる多様な制度に拠っている。ただいずれも、高齢者一人ひとりにとって豊かで安全な生活の場であること、同時にスタッフにとっての見守りや支援のしやすさが求められること、は共通している。超高齢社会を迎えたわが国では、住み慣れた地域で高齢者が最期まで人々との繋がりのなかで暮らし続けることができる「地域包括ケア」体制の構築が急務となっている。そのなかで高齢者施設は、高齢期の人々の暮らしと尊厳を守り、その生活を支える拠点となる重要な施設である。

　本書の特徴は、実際の計画や設計で行われる一連のフローに沿って、建築計画や構造計画、さらに設備計画が計画の初期段階から相互に関連して検討されていくことに配慮して構成されている点にある。また、事例の設計図も教科書的に省略するのではなく、実際に用いられているものに近い表現で掲載し、より実務に近い形での編集を心がけている。学生の設計課題の取組みのなかでは、建築計画、構造計画、設備計画がそれぞれ別のものとして講義されることがままあるが、実務としての建築設計は、これら諸分野の知識と技術を統合する行為であるとの認識が、本書の基本的な骨子となっている。

　本書の構成は、1章では高齢者施設の基礎知識として、高齢者の生活とそれを支える仕組みとしての制度の概要とその変遷、近年の動向、施設の種別と概要について解説している。また2章では、高齢者のための環境デザインの原則を整理し、さらに実際の設計のフローに沿って、敷地・規模計画、構造計画、環境・設備計画、施設全体の空間構成、各室の計画について解説している。3章では、高齢者施設の種類と基本的な空間構成が多岐にわたるように事例を取り上げている。4章では、具体的な設計例として施設全体の平面図・立面図・断面図などの一般図と、特に生活の場として重視されるユニット（生活単位ごとの基本的な生活空間）の拡大平面図を掲載した。また、各章の関係箇所には近年の高齢者施設の動向や注目される事例、高齢期の心身の特徴など押さえておくべきことがらをコラムで取り上げた。

　最後に、本書の編集にあたって貴重な資料をご提供いただいた設計事務所各位、また掲載にご快諾をいただいた施設各位、引用文献著者各位に篤く御礼申し上げます。

2017年6月

建築設計テキスト編集委員会　山田あすか

目 次

まえがき ——————————————————— 3

1 概　要 ——————————————————— 5

1.1 高齢者の生活と支える仕組み ——————— 6
1. 日本の高齢化の現状 ————————————— 6
2. 介護保険制度 ——————————————— 6
3. 要介護等高齢者の生活上の問題 ——————— 6

1.2 高齢者施設の役割 ——————————— 9
1. 高齢者施設の歴史と高齢者の生活の理想像 —— 9
2. 持続可能なケアの体制 ——————————— 11

1.3 入居型高齢者施設の概要 ——————— 12
1. 入居型高齢者施設での暮らし ———————— 12
2. 入居型高齢者施設の種類と経緯 —————— 12
3. 入居型高齢者施設の基本的な計画留意事項 —— 14

1.4 通所型高齢者施設の概要 ——————— 16
1. 通所型高齢者施設での高齢者の過ごし方 —— 16
2. 通所型高齢者施設の種類と経緯 —————— 16
3. 通所型高齢者施設の基本的な計画留意事項 —— 16

1.5 事例の位置づけ ——————————— 19

2 設計・計画 —————————————— 21

2.1 高齢者のための環境デザインの原則 —— 22
1. 安心・安全を確保する ——————————— 22
2. 不快な環境の刺激を抑制する ———————— 23
3. 心地よい環境を提供する —————————— 23
4. ふれあいを促進する ———————————— 23
5. プライバシーを確保する —————————— 24
6. 見当識の衰えを補う ———————————— 24
7. 機能的な能力の維持・向上を手助けする —— 25
8. 生活の継続性を支援する —————————— 26
9. 目標の実現・自己選択を支援する —————— 26

2.2 敷地・規模計画 ——————————— 27
1. 敷地 ——————————————————— 27
2. 施設規模 ————————————————— 27
3. 施設配置 ————————————————— 27

2.3 構造計画 —————————————— 28
1. 構造形式 ————————————————— 28
2. 防火・避難にかかわる構造 ———————— 28

2.4 環境・設備計画 ——————————— 29
1. 高齢者の身体的特徴に対応した温熱・空気環境 — 29
2. 視力・聴力の変化に対応した音・光環境 —— 29
3. 個別性への対応 —————————————— 30
4. 安全のための設備 ————————————— 30
5. 移動や介護の介助のための設備 —————— 30

2.5 施設全体の空間構成 ————————— 31
1. 入居型施設と通所型施設の違い —————— 31
2. 入居型施設のユニット構成 ———————— 31
3. 通所型施設の空間構成 ——————————— 33

2.6 各室の計画 ————————————— 35
1. 入る・出る—アプローチの計画 —————— 35
2. 食べる—ダイニング空間の計画 —————— 35
3. くつろぐ、つくる—リビング空間の計画 —— 36
4. 調理する—キッチンの計画 ———————— 36
5. 働く—家事スペースの計画 ———————— 36
6. 歩く・たたずむ—廊下の計画 ——————— 37
7. 運動する—リハビリスペース、機能訓練室 — 37
8. 排泄する—便所の計画 ——————————— 38
9. 入浴する—浴室の計画 ——————————— 38
10. 一人になる・寝る・くつろぐ—個室の計画 — 38
11. ぶらぶらする・働く・楽しむ—屋外空間の計画 — 39
12. 訪ねる・かかわる—訪問者のための場 —— 39
13. 介護・看護スタッフが「休憩する」「作業する」場 — 40

3 設計事例 —————————————— 41

1. 高齢者在宅サービスセンター 永福ふれあいの家
   /中村勉総合計画事務所 —————————— 42
2. レスパイトハウス やさしいところ
   /大久手計画工房 ————————————— 44
3. 第二宅老所よりあい
   /風土計画一級建築士事務所 ———————— 46
4. 小規模多機能ホーム さかえまち
   /東京都住宅公社、ネクスタクト ————— 48
5. 認知症高齢者グループホーム いなの家
   /外山義＋永野建築設計事務所 ——————— 50
6. グループホーム せせらぎ/来夢建築設計事務所 — 52
7. 上石神井特別養護老人ホーム
   /沼田恭子建築設計事務所＋プロトフォルム一級
   建築士事務所＋塩田玲子建築設計事務所 —— 54
8. サービス付き高齢者向け住宅 わかたけの杜
   /ヨシダデザインワークショップ＋健康設計 — 56
9. コレクティブハウス アクラスタウン
   /大久手計画工房 ————————————— 58

4 設計図面 —————————————— 61

特別養護老人ホーム せんねん村矢曽根
   /大久手計画工房 ————————————— 62

【コラム】

超高齢社会 ———————————————————— 6
徘徊廊下/ノーマライゼーション/QOL/宅老所 —— 8
「サービス付き高齢者向け住宅」のこれから —— 16
介護職員による環境づくりを助けるしつらえ —— 22
既存建物の福祉転用 ——————————————— 28
多床室ユニットの可能性 ———————————— 33

1 概要

1 概要

1.1 高齢者の生活と支える仕組み

❶ 日本の高齢化の現状

日本は、65歳以上の高齢者人口が3,459万人に達し（2016年10月）、高齢化率27.3%の超高齢社会である（図1.1）。今後も高齢者の数は増加を続け、2042年に3,935万人でピークを迎えるが、少子化のために高齢化率はその後も上がり続け、2065年には38.4%になると予想されている。一方、平均寿命は男性80.75年、女性86.99年（2015年）で、平均余命を見ても高齢者となってから約20年は生きるのが普通になっている。

高齢者の様態は多様である。65歳で定年を迎えて退職金と年金でのんびりと暮らす人、孫の面倒を見たり社会貢献のボランティアに励む人、現役で仕事を続ける人たちのような元気な高齢者もいれば、病気・怪我やその後遺症などで身体障害や認知症を抱え、誰かの助けがないと生活が成り立たない高齢者（要介護等高齢者）もいる。要介護等高齢者の場合、同居・近居の家族の有無や経済状態なども生活に大きく影響するが、日本の要介護等高齢者の数は591.8万人（2014年度末）、高齢者の17.9%、全人口の4.7%に当たり、今後も増加が予想される。これら高齢者の生活を社会全体で支えていく必要がある。

そこでこれらの多様な高齢者に、様々な助けを提供する事業が必要とされる。例えば公的な生活保護、公的な規定のもとで民間が提供する医療サービス・介護サービス、民間や自治体による地域支援事業（生活支援・余暇提供など）などである。そしてこれらのサービス等を提供するための施設が高齢者施設である。したがって、サービス等の内容に応じて、高齢者施設にはいくつかの施設種別が存在する。

❷ 介護保険制度

現在のわが国の生活を支える仕組みとしては、医療には健康保険制度、生活困窮には生活保護制度があるが、高齢者特有の介護に関しては介護保険制度があり、高齢者の生活を支える中心的な仕組みとなっている。これは高齢者が市区町村または地域包括支援センターに要介護認定を申請し、認定を受けた要介護度（表1.1）に応じた介護サービス・介護予防サービスが少額の自己負担で受けられるという仕組みである。介護保険制度ではケアマネージャー（介護支援専門員）が要の役割を果たし、高齢者の相談を受け、身体障害や認知症の程度を評価して要介護認定の申請を代行し、その人に応じたケアプランを立てて、必要なサービスが受けられるように様々な事業所に橋渡しをし、調整する。

介護保険が適用される事業以外の介護サービスは自主事業となるが、定期的な制度見直しのなかで、適用事業化される場合もある。

❸ 要介護等高齢者の生活上の問題

核家族化が進む現代では、介護を必要とする高齢者と

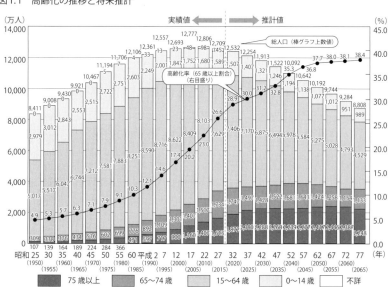

図1.1 高齢化の推移と将来推計

【コラム①】

超高齢社会

WHOと国連の定義では、高齢化率が7%を超えた社会を「高齢化社会」、14%を超えた社会を「高齢社会」、21%を超えた社会を「超高齢社会」という。日本は1970年に高齢化社会、1994年に高齢社会になり、2007年から超高齢社会に入った。

身近に接する機会のなかった人も多いと思われるので、高齢者の生活の実態と問題点について、簡単に整理しておくことにする。図1.2のように要介護状態となった原因については大きく、身体の不自由と認知症に分けられる。高齢者施設を計画する場合には、これらの問題に対処するべく配慮が求められる。

①身体の不自由

脳卒中等の後遺症による麻痺や言語障害、骨折や関節疾患による立位・歩行の困難、パーキンソン病・衰弱・心肺の疾患などによる全身の運動能力の低下など、身体が不自由になる原因と症状は様々である。

そもそも高齢者は、老化のために視覚・聴覚・温熱覚などが鈍くなって誤認や不感が起きやすく、加えて身体の調節機能や筋力の低下も重なって、事故や怪我の危険性が高い。例えば、足の怪我などでしばらく歩かないでいると、急速に足の筋力は衰えて（廃用）、怪我は完治してもリハビリをかなり頑張らないと元のように歩けなくなってしまう。

立ち上がりや歩行が難しくなると、移動・入浴・排泄に介助が必要となる。移動の際には、手摺や杖で歩行が可能な場合、車椅子に移乗する少しの間は立位が保持できる/できない場合、車椅子を自分で動かせる場合、介助者が押さないと移動できない場合などの段階がある。自分で移動できないからとベッドに寝かせきりだと拘束に当たるとともに廃用が進んでしまうので、椅子に座らせる、ベッドを起こすなどして、できるだけ寝たきりにさせないことが望ましいとされている。

さらに機能低下が進むと座位を保持するのも難しくなり、移動にはリクライニング型の大型の車椅子を使用するようになる。臥位で過ごすとき、自分で寝返りが打てないと同一部位ばかり圧迫されて褥瘡（床ずれ）が発生するので、定期的に体位（身体の向き）を変える必要がある。

嚥下機能（食べ物を飲み込む能力）が落ちてきた場合には、誤嚥（食べ物が間違って気道に入る）が起こらないように注意する必要があり、手先が利かなくなると食事介助や口腔ケアが必要となる。場合によっては胃ろう（腹部から胃に流動食を送る管を設置）を処置されることもある。

終末期には、ベッドサイドに医療機器が置かれ、家族がずっと付き添う状況も発生する。

②認知症

要介護高齢者のほとんどが、認知症を発症していると推計されており、認知症は今や一部の高齢者の特別な問

表1.1　認定が受けられる要介護度

要介護度		状態	サービス等
自立（非該当）		日常生活の基本的動作が自力で可能。介護予防のための手段的日常生活動作（薬の内服、電話等）も可能。	地域支援事業
要支援	1	日常生活はほぼ自立。要介護状態予防のために軽度の手段的日常生活動作の支援が必要。	介護予防サービス
	2	日常生活に支援が必要。支援で要介護状態に至らず改善の可能性が高い。	
要介護	1	部分的な介護が必要。立ち上がり・歩行がやや不安定。排泄・入浴などに一部介助が必要。	介護サービス
	2	軽度の介護が必要。立ち上がり・歩行が自力で困難。排泄・入浴などは一部または全介助。	
	3	中程度の介護が必要。立ち上がり・歩行・排泄・入浴・衣服の着脱など全面的な介助が必要。	
	4	重度の介護が必要。介護なしでは日常生活が困難。日常生活全般で能力が低下し、一部食事介助が必要。	
	5	最重度の介護が必要。介護なしでは日常生活が不可能。食事介助等、日常生活に全面的な介助が必要で、意思伝達も難しい。	

図1.2　要介護状態になった原因

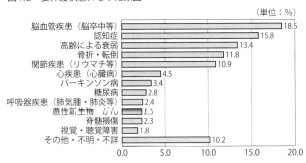

表1.2　認知症の症状

症状		解説
主な中核症状	記憶障害	最も代表的な認知症の症状。特に初期は短期記憶の障害が顕著で、古い記憶は比較的残りやすい。
	見当識障害	日時・場所・方向感覚が失われ、自分の置かれた状況が理解できなくなる。
	実行機能障害	判断力がなくなったり、抽象的な思考ができなくなる。
	高次脳機能障害	失語（言葉や文字が出ない）・失認（感覚は正常でも状況を認知できない）・失行（行動の方法がわからない）など。
主な周辺症状（BPSD）	徘徊	何かを求めて彷徨い歩く。
	帰宅願望	昔の家のことも多い。夕暮れに起こりやすい。
	睡眠障害	昼夜逆転して、夜眠れない。
	幻覚・錯覚	ないものが見えたり聞こえたりする。不安・恐怖。
	せん妄	急激な錯乱・混乱状態。
	うつ	気分が落ち込む、何にも興味を示さない。
	異食	食べられないものを口にしたり、食べてしまう。
	失禁	便所の場所がわからない、尿意が感じられないなど。
	弄便	便を掴み壁などにすり付ける。おむつの不快感が原因。
	収集癖	色々な物を持ってきてしまい、ため込む。
	物盗られ妄想	しまった場所を忘れ、盗られたと被害妄想。
	不穏・暴言・暴力	できない・わからないことへの不安や苛立ちが鼻つく。

題ではない。認知症の症状には、中核症状と周辺症状（行動・心理症状、BPSD）とがある（表1.2）。中核症状は脳の神経細胞の破壊によって起こる、記憶障害・見当識障害・実行機能障害・高次脳機能障害などである。一方、周辺症状は、中核症状に環境の変化や本人の性格などが重なり、本人の考えや行動と周りの環境とがミスマッチな場合に顕在化する症状である。特に不穏や帰宅願望は一緒にいるほかの高齢者にも伝播しやすいので注意を要する。認知機能が衰えてからの転居によって新しい環境が受け入れられずに、急速に認知症が進行することがあるのは、このミスマッチが負の連鎖を引き起こすためである。

また、認知症にはその発症原因から、アルツハイマー型・脳血管性・レビー小体型・前頭側頭型などが知られており、それぞれ特徴的な症状を呈する（表1.3）。認知症の場合、身体機能の衰えが少ない高齢者だと、周辺症状（行動・心理症状）が周囲の人々の混乱を引き起こすことが多い。とはいえ個室に隔離したり、ベッドに縛り付けたりするのは、拘束と呼ばれ、高齢者の尊厳を無視する行為であり、厳に慎まなければならない。ほかの人への影響に配慮しながらも、できる限りその人のそのままを受け入れる姿勢が基本である。

③生活環境

在宅では、同居の家族が高齢者の介護を担うことが多い。仕事や家事を抱えながらの介護には大きなストレスがかかり、結果的に介護放棄や虐待に繋がるケースもある。交代での介護や、適度に介護を休みリフレッシュできる機会があると、破綻の可能性が少なくなる。また、介護者となる配偶者や子も高齢者である"老々介護"も問題になっている。一方、独居の高齢者は、地域に友人はいても、住まいが荒れたり、孤独死に至る例も多い。

地方では過疎化や高齢化が一層進んでいて、買物や通院などの交通手段の確保が困難である。限界集落では、頼る隣人すらいない状況になる。それでも、住み慣れた場所から動きたがらない人が多い。

また、経済的な困窮の問題として、子が介護に専念したために無収入や無年金となり将来に不安を抱えたり、自己破産や生活保護に至る世帯も増えてきている。

住まいでは、民間の賃貸住宅では高齢者のみの世帯の入居が拒まれることもあり、住替えは簡単ではない。高齢者施設や高齢者向けの住宅も、安価な施設は希望者が多く、どの施設も一般的に多数の待機者を抱えている。

表1.3　発症原因による認知症の種類

種類	特徴
アルツハイマー型認知症	最も多い。脳が萎縮し、記憶障害が徐々に進行する。見当識など他の障害も現れる。現在と過去の区別がつかなくなる。
脳血管性認知症	脳卒中等の血管障害によって起こる。損傷した脳の部位によって症状が異なる「まだら認知症」が見られる。
レビー小体型認知症	パーキンソン病に似た症状を示し、動きが緩慢で硬い。幻覚を発症しやすい。症状の変動が激しく、気分・態度・行動がコロコロ変わる。
前頭側頭型認知症	以前と性格が極端に変わり、感情を抑えられず、繰返し行動・反社会的行動が見られる。記憶障害はあまりない。ピック病はこの一種。若年者が多い。
その他の認知症	大脳皮質基底核変性症、進行性核上性麻痺、ほか脳の圧迫・感染症・薬物・ビタミン欠乏・身体疾患に伴う認知症など

【コラム②】

徘徊廊下

　認知症の高齢者が徘徊をする場合、廊下等に行き止まりがあると徘徊ができなくなり、ほかの問題行動に繋がっていく。そのため、行き止まりをつくらないように回廊型の動線を計画し、徘徊をずっと続けられるようにしたものを、俗に「徘徊廊下」と呼び、一時期は施設補助の割増メニューに加えられたこともあった。

　ただし、徘徊を起こす根本の原因である高齢者が感じている不安を取り除くことで、徘徊が収まることがわかっている。したがって、現在では、無為に徘徊を続けさせておくのではなく、認知症の高齢者に寄り添い、何を探して徘徊しているのかを探ることで、徘徊行為自体をなくすことが望ましい介護とされており、徘徊廊下は推奨されてはいない。

ノーマライゼーション（Normalization）

　高齢者・障害者・社会的マイノリティーなどの人々も、その他一般の人々と同じように生活し活動することが社会の本来のあるべき姿であるという考え方で、1960年代に広まり、以降の社会福祉の根幹をなす理念である。それまでの隔離・収容、大規模一斉処遇への批判として、差別や人権侵害を排して人としての尊厳を守り、一般の人々が当たり前に実現できている生活を実現できるようにサポートしようとするものである。具体的には、一般の社会のなかで普通の生活を送るための環境条件の整備・支援を行う、バリアフリー・ユニバーサルデザイン・脱施設化といった考え方を通じて実現されている。

QOL

　Quality of Lifeの略で、一般的に「生活の質」と訳される。ある人が、生活に満足感や充実感をもてること、人間（自分）らしい生活が送れることを意味する。

宅老所

　「第二宅老所よりあい」における「宅老所」運営の仕組みは、介護保険の制度に則して説明すれば、デイサービス、ショートステイ、グループホームの一体的提供といえる。全国に「宅老所」を自らの呼称とする事例はあるが、「宅老所」は介護保険上の（公的に定まった）仕組みではないため、それぞれのありようは異なる。

1.2 高齢者施設の役割

高齢者施設には、大きく分けて住まいとなる「入居型施設」と自宅から通う「通所型施設」があり、それぞれ、提供されるサービスによって医療型／福祉型の区別がある。また、介護保険適用の有無、住宅／施設としての運用の違いなど、多様な施設種別がある。加えて、通所型でも配食や送迎・健康管理などの在宅支援サービスでは、高齢者が施設に立ち寄ることはない。

本書では高齢者が実際に利用する建築空間の計画・設計にかかわる知識と手法を入居型施設に分けて取り上げる。

❶ 高齢者施設の歴史と高齢者の生活の理想像

高齢者施設の歴史的経緯を図1.3にまとめた。入居型施設の近年の傾向は、ノーマライゼーションを基本に、生活単位の小規模化・個別化・家庭化・地域化というキーワードでまとめられる。高齢者のケアに関する考え方は、今後も変わる可能性があることや、設備機器や福祉用具も日進月歩であるため、施設計画の際には、先入観をもたず、最新の考え方や状況を確認したほうがよい。

①措置時代の大規模一斉処遇

以前のわが国の福祉は行政措置として効率化が追求され、施設は病院の病棟をモデルにし、障害別に隔離・収容して大規模一斉処遇するのが一般的であった。入居型施設は当初、量的な整備が重視され、50人、100人という大規模な施設が整備された。介護の効率化のために、居室はカーテンで区切られた6人部屋、無機質な長い廊下と食堂のほかに居場所はなく、全員が同じ時間に同じ活動をする生活が強いられた。また、認知症の問題が顕在化すると、認知症高齢者を分離処遇し、徘徊廊下等を備えた認知症専用棟などがつくられた。

②ノーマライゼーション・QOLの視点と在宅重視

1990年代になると北欧での先進的事例に学ぶなどして、プライバシーやノーマライゼーションといった個人の生活の質（QOL）が意識されるようになった。

高齢者のノーマライゼーションとは、元気だったときに近い生活をできる限り継続することである。独居の親を子が引き取る事例はよく見られるが、高齢者には見ず知らずの土地に移るのはかなり負担であり、不安と怖れから人とかかわる機会が極端に減り、急激に認知症が進行することも少なくない。一般に高齢者は環境変化への対応力が弱く、変化を頑なに拒絶することも多い。したがって、安易に転居や施設入所をさせず、介護サービスを受けながらでも可能な限り在宅のままで生活を継続することが理想とされる。たしかに、なじみの関係・環境のなかであれば余計な力も頭も使わず、身体や認知の機能が衰えてもその人らしく落ち着いて過ごすことができる。やむを得ず転居する場合も、馴れ親しんだ物を持ち込むなど環境変化を緩和する配慮が必要である。

③個室化と生活単位の小規模化

在宅介護が理想でもそれが難しいとき、施設入居も選択肢のひとつとなる。入居型施設で個々を尊重し要望に応えるためには、個別の空間が確保されることが望ましく、4人部屋・2人部屋を経て、個室化が計画された。

一方で、個室に籠らずほかの人と交わることは、社会性維持のためにも重要である。しかし、従来型の施設のように共用部が数十人規模では、落ち着いて過ごすのは難しい。まして認知症の人にとっては不安は大きい。しかし生活の規模が記憶できる範囲であれば、見知った場所・人のなかで安心して過ごすことができる。そこで、生活単位を空間・人数ともに小規模化することが試行された。その先駆的な施設が一定の成果を上げ、最大定員9名の認知症高齢者グループホーム（1997年）や、全室個室＋ユニットケア（10名以下の"ユニット"に小割りにする）を原則とする「新型特養」の基準（2002年）が制度化された。

ユニットでは、日常的な生活行為が内部で完結するように構成される（図1.4）。浴室は、特殊浴槽も必要なので、ユニット外の配置も認められている。また、その趣旨からユニット外の不特定の人が入る必要のない動線計画が求められ、介護職員もユニット専属が原則である。

④施設の家庭化

小規模化と並行して、生活の質の向上として、施設でも在宅に近い家庭的な環境であるべきとの考えのもと、「新型特養」でも、施設に家庭的な雰囲気をつくり出すなど施設の家庭化がうたわれた。広い廊下や無味乾燥な内装など、住宅とはほど遠い旧来の施設像から脱却し、住宅スケールの空間・物品（図1.5）、木質系・住宅系の内装・家具、ユニットをひとつの家として玄関を設けること、などが指向された。また、住宅の転用も効果的とされ、グループホームなどでは民家転用事例も多い。

一方、通所型施設であるデイサービスやショートステイなどは、自宅から出かけて行くものであり、必ずしも

図1.4 ユニットの共同生活室（特養よりあいの森・福岡県／風土計画一級建築士事務所）

1階平面図　1／500

図1.3 高齢者施設計画の歴史的変遷

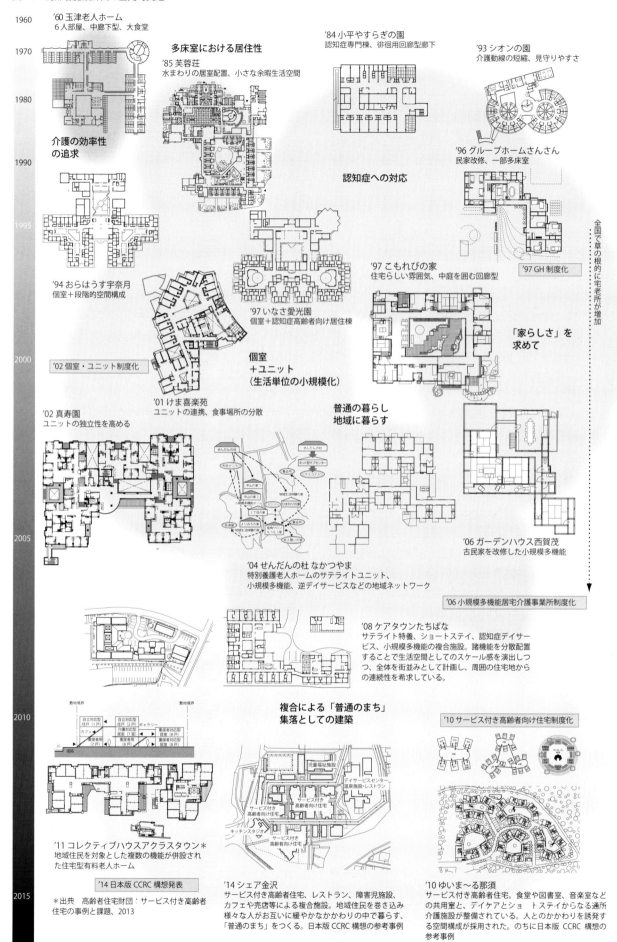

住宅を模す必要はなく、公民館やホテルに遊びに行くようなものと捉えて環境づくりを行う場合も多い。

⑤施設の地域化

従来は人里離れた場所が多かったが、在宅に近い規模や雰囲気が理想とされるようになると、施設でも地域での継続居住を目指して、小規模施設(グループホーム・宅老所・小規模多機能型居宅介護事業所など)が地域に溶け込むように街なかにつくられるようになった。

一方、特養などの大規模施設ではユニット化が望ましいが、認知症が軽い入居者にとっては世界が狭く、逃げ場のない空間・人間関係を息苦しく感じることも懸念される。そこで、ユニット外への移動の自由やかかわりを重視し、ユニットが直接まちと繋がるよう、施設全体の小規模化が提言され、2006年に制度化された地域密着型特養は30床未満とされた。また、一部のユニットを地域で運営するサテライト・ユニットや、日中に施設から地域へ出かける逆デイサービスなども試行されている。

⑥個人に寄り添うケア (Person Centered Care)

近年、介護現場でより強く意識されているのは、パーソン・センタード・ケアである。各人の人生や価値観を受け入れ、その人らしく過ごせるようにし、QOLの向上を図る。介護側の都合よりも、その人の気持ちを優先させる。具体的には以下のような事柄が実践されている。
- プライバシーの尊重(例:個室か、多床室なら仕切り)
- 複数職員による流れ作業ではなく、一連の介護を一人の職員が担当(例:入浴の、迎え〜脱衣〜入浴〜着衣・整容〜水分補給〜送り、を一人の職員が通して対応)
- 入浴や排泄などはできる限り同性が介助
- 意向に応じた医学処置・ケア(例:胃ろうや挿管などの処置を希望するか、あらかじめ意思確認し尊重)
- 希望する場所で最期を迎えられるように配慮(病院ではなく自宅や施設の自室でのターミナルケア)
- 環境変化に弱いので、安易に部屋替えをしない
- 障害の部位や程度に応じて援助の方法を変え、残存能力を生かして、できる限り自立した生活をしてもらう
- その人に合った社会的役割を担うことをお願いし、生きがいや目標を見出してもらう
- 経験や好みを聞き出し、家具の持ち込みを推奨するなど、居住空間をその人にふさわしい雰囲気に設える
- その人の経験や人生を聞き出して肯定することで、自分の人生を肯定的に捉えてもらう(回想法)
- 認知症で時代や場所を誤認していても訂正せずに、その人の思っている世界に合わせるように対応

❷ 持続可能なケアの体制

高齢者が理想的な生活を送るために必要なこととして、介護する側の充実も重要な条件である。

①レスパイトケア

上述のような在宅介護の家族の負担を軽減するため、地域包括ケアやケアマネージャーをはじめとする周辺の人々の協力を得て、地域社会全体で介護を支援する体制が必要とされている。ショートステイは、その対策として、介護者にレスパイトケア(介護から一時的に解放されるようにすること)を提供する役割も大きい。

②介護職のモチベーションの維持

志高く介護の仕事を始めても、仕事がきつく、正当に評価されなければ、モチベーションを維持できず、体を痛めるか、心が燃え尽きて辞めてしまう。介護職の慢性的人材不足は深刻で、賃金や労働内容などの処遇改善や社会的地位の向上を図ることが第一である。また、外国人労働者や介護マシン・ロボットの導入も検討されている。身体介護に余裕ができれば高齢者と向き合い個人に寄り添うケアが充実する。また、現場の職員の裁量を増やすことでモチベーションが上がると期待されている。

一方、空間や環境も工夫することで職員のケアの負担を幾分か肩代わりできる。例えば、自室や便所の場所がわかりやすければ、自分で移動できる高齢者が増え、職員のケアが減る、というようなことである。

③地域での継続居住と介護の地域化

高齢化に伴い介護需要は増加しており、介護費抑制やQOLの観点から、地域に住み続ける高齢者と家族への公的ケアの提供とともに、地域の人々が互いに支え合う関係を再構築することも必要性を増している。

例えば高齢化率40%の地域において、高齢者をすべて施設に入居させるのは非現実的である。そこで、「施設の地域化」のような介護拠点の分散・地域密着化、小規模化といった介護の地域化が進んでいる。こうした取組みのなかで、「まちがケアの場になる」という考え方が共有され始めている(図1.6)。

一方、在宅ケアの充実に加えて「高齢期の住まい」や、「高齢になっても様々な世代の人と暮らし続ける住まい、住まい群のあり方」についても建築的な配慮や提言が必要になる。サービス付き高齢者向け住宅や日本版CCRC

図1.5 住宅のスケールが再現されたユニット(特養よりあいの森・前掲)

の整備は、こうした流れの一翼を担う。ただ、このような"特別な"住宅でなくとも生活の継続は可能なはずである。つまり、高齢者施設の計画・設計とは、本質的には要介護等高齢者が当たり前に暮らせる「普通の住まいやまち」を考えることと同じなのである。

図1.6　住宅にケアを届ける／これからの支援のかたち

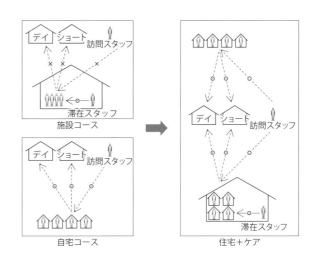

1.3　入居型高齢者施設の概要

❶ 入居型高齢者施設での暮らし

　入居型施設は、自宅での生活が困難な高齢者が、支援を受けつつ集まって暮らす施設である。こうした施設では高齢者が、身体の障害や認知症を抱えながらも、寝起きし、食べ、入浴し、排泄するといった日常生活を送る。そして、時には一人でくつろぎ、時には他者と居合わせて団欒し、訪ねてきた家族とのひと時を過ごし、可能な場合は料理や洗濯物干し、掃除などの家事を担う。また、それぞれの生活歴になじみの趣味活動の時間を過ごすこともある。高齢者施設は、こうした高齢者の生活の場として、人間的なスケールの空間や、生活のなかで起こる行為や活動に対応した場をしつらえることで、「当たり前の生活」を「当たり前」に送れるよう支援する環境として計画すべきである。さらに、高齢者を支援するスタッフの見守りやすさや、働きやすさにも配慮が求められる。また多くの事例では、施設の立地する近隣の地域で暮らす高齢者やその家族の介護相談や訪問介護、通所介護の拠点としての役割も担っており、地域の人々が気軽に訪れることができる環境づくりなど、地域との関係性の構築しやすさにも様々な工夫がなされる（図1.7）。

❷ 入居型高齢者施設の種類と経緯

　図1.8に、医療・福祉のケアの必要度と、住宅系－施設系の軸で入居型施設を整理した。また、表1.4にそれらの施設と住宅の根拠法や設置基準等をまとめた。

　入居型施設には、特別養護老人ホーム、養護老人ホーム、介護老人保健施設、認知症高齢者グループホーム（認知症対応型共同生活介護）、療養型病床群、有料老人ホームなどがある。特別養護老人ホームは終の住処としての意味合いが強く、介護老人保健施設は3カ月間の短期入所後に在宅復帰を原則とするなどの特徴がある。しかし近年では、いずれも高齢者の生活の場としてのあり方が重視されるようになっている。特に、認知症の高齢者にとってなじみやすく、認知症の症状の緩和や進行の抑制に繋がるよう、建物と生活集団の規模を小さく抑

図1.7　地域に開かれ、散歩道にもなる中庭（特養せんねん村・愛知県）

図1.8　入居型高齢者施設・住宅の体系

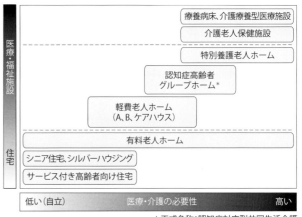

＊正式名称：認知症対応型共同生活介護

表1.4 入所型施設の種類

区分	名称	根拠法	機能・目的(基本方針、抜粋)	主な設置主体	施設等の数	利用者数	設置基準(抜粋)
福祉施設	介護老人福祉施設(特別養護老人ホーム)	介護保険法第8条第21項および第26項(老人福祉法第20条の5)	入居者個々人の意思と人格を尊重し、入居前の生活と入居後の生活の連続性に配慮しつつ、入居者相互の社会的関係や自立的な日常生活の構築を支援する	地方公共団体、社会福祉法人	①7,865+1,921* *地域密着型介護老人福祉施設入所者生活介護	①517,900	・原則全室個室(サービスの提供上必要と認められる場合は、2人まで) ・1ユニットの入居定員は概ね10人以下、居室はユニットごとの共同生活室に近接して一体的に設ける ・居室の面積:個室10.65㎡以上、2人部屋21.3㎡以上 ・共同生活室の面積:2㎡×ユニットの入居定員以上 ・洗面設備、便所は居室ごとまたは共同生活室ごとに適当数設ける ・廊下幅:1.8m以上。中廊下の幅は2.7m以上(廊下の一部の幅を拡張することで円滑に移動できる場合は1.5m以上、中廊下1.8m以上)
医療施設	介護老人保健施設	介護保険法第97条第1項から第3項(医療法第1条の6)	看護、医学的管理のもとにおける介護および機能訓練その他必要な医療を行うことにより、入所者がその有する能力に応じ自立した日常生活を営むことができるようにするとともに、利用者の在宅生活への復帰を目指す	地方公共団体、医療法人、社会福祉法人	①4,185	①357,500	【ユニット型の場合】 ・原則全室個室(サービスの提供上必要と認められる場合は、2人まで) ・1ユニットの入居定員は概ね10人以下、居室はユニットごとの共同生活室に近接して一体的に設ける ・居室の面積:個室10.65㎡以上(従来は8.0㎡)、2人部屋21.3㎡以上 ・共同生活室の面積:2㎡×ユニットの入居定員以上 ・洗面設備、便所は居室ごとまたは共同生活室ごとに適当数設ける ・機能訓練室:1㎡×入居定員数以上、かつ40㎡以上の面積とし、必要な器械・器具を備える ・廊下幅:1.8m以上。中廊下の幅は2.7m以上(廊下の一部の幅を拡張することで円滑に移動できる場合は1.5m以上、中廊下1.8m以上) ・浴室:原則ユニットごとに設ける。一般浴槽のほか、特別浴槽を設ける ・火災予防、火災時の避難を想定した動線や設備を設ける
医療施設	療養病床(介護療養型医療施設:介護保険法施設、医療型療養病床:医療保険法施設) *廃止が決定しているが保留	介護保険法第110条第1項および第2項(医療法第1条の6)	長期にわたる療養を必要とする要介護者に対し、施設サービス計画に基づいて、療養上の管理、看護、医学的管理のもとにおける介護その他の必要な世話および機能訓練その他必要な医療を行うことにより、その者がその有する能力に応じ自立した日常生活を営むことができるようにする	地方公共団体、医療法人	①1,364(「介護療養施設サービス」請求事業所数) 347(「短期入所療養介護」請求事業所数)	①761,300	・1つの病室の病床数は4床以下とする ・病室の床面積:6.4㎡/人以上(内法) ・病室に隣接する廊下の幅:1.8m以上(内法)、中廊下2.7m以上 ・機能訓練室:40㎡以上(内法) ・談話室:入院患者同士や入院患者とその家族が談話を楽しめる広さ ・食堂:1㎡/人以上(内法) ・浴室:身体の不自由な者が入浴するのに適したもの ・消火設備その他の非常災害に際して必要な設備を設ける ・老人性認知症疾患療養病棟(除:管理事務スペース)の床面積:18㎡/人 ・老人性認知症疾患療養病棟の生活機能回復訓練室:60㎡以上 ・老人性認知症疾患療養病棟のデイルームと面会室の面積の合計:2㎡/人
福祉施設	認知症高齢者グループホーム(認知症対応型共同生活介護)	介護保険法第8条第19項(老人福祉法第5条の2)	認知症である要介護者について、共同生活を営むべき住居において、家庭的な環境と地域住民との交流の下で入浴、排泄、食事等の介護その他の日常生活上の世話および機能訓練を行うことで、利用者の能力に応じ自立した日常生活を営むことができるようにする	営利法人、社会福祉法人	①12,956	①189,800	・共同生活住居(ユニット)を有し、その数は1または2。ただし、地域の状況などにより必要と認められる場合には1事業所当たり3まで ・入居定員:5人以上9人以下 ・居室、居間、食堂、台所、浴室、消火設備その他の非常災害に際して必要な設備、その他利用者が日常生活を営むうえで必要な設備を設ける ・居室は原則個室。ただし、利用者の処遇上必要な場合は2人とできる ・居室の床面積:7.43㎡以上 ・居間および食堂は、同一の場所ともできる ・利用者の家族や地域住民との交流の機会が確保される地域におく
福祉施設	有料老人ホーム(介護付き有料老人ホーム(一般型/外部サービス利用型、特定施設入居者生活介護、住宅型、健康型)	老人福祉法第29条(2015.3.30付老発0330第3号有料老人ホームの設置運営標準指導指針)	老人を入居させ、入浴、排泄、食事の介護、食事の提供またはその他の日常生活上必要な便宜の供与をする(他に委託して供与をする場合および将来において供与をすることを約する場合を含む) ・老人福祉施設、認知症対応型老人共同生活援助事業を行う住居、その他厚生労働省令で定める施設でないもの	営利法人	②8,495(サービス付き高齢者向け住宅以外) 2,149(サービス付き高齢者住宅であるもの)	②285,160(サービス付き高齢者向け住宅以外) 52,283(サービス付き高齢者住宅であるもの)	・入居者が快適な日常生活を営むのに適した規模、構造設備を有する ・建築基準法に規定する耐火建築物または準耐火建築物とする ・建築基準法、消防法令で定める避難、消火、警報、緊急通報装置を設置する ・「高齢者が居住する住宅の設計に係る指針」により入居者に配慮する ・日照、採光、換気等入居者の保健衛生について十分考慮する ・一般居室、介護居室、一時介護室の床面積、13㎡/人以上 ・浴室、洗面設備、便所を適当な規模および数を設ける ・設置者が提供するサービス内容に応じ、次の共同利用の設備を設ける:食堂、医務室または健康管理室、看護・介護職員室、機能訓練室、談話室、または応接室、洗濯室、汚物処理室、健康・生きがい施設、管理諸室 ・廊下幅:全個室18㎡以上では1.4m以上、それ以外は1.8m以上。中廊下は2.7m以上
福祉施設	養護老人ホーム	老人福祉法第5条の3、第17条第1項	社会復帰の促進および自立のために必要な指導および訓練その他の援助を行うことで、入所者が能力に応じ自立した日常生活を営めるようにすることを目指す。入所者の意思および人格を尊重し、常にその者の立場に立って処遇する。明るく家庭的な雰囲気を有し、地域や家庭との結び付きを重視して運営する	地方公共団体、社会福祉法人	②917	②56,963	・配置、構造および設備:日照、採光、換気等の保健衛生と防災に配慮する ・原則耐火建築物または準耐火建築物。延焼防止や避難に配慮する ・次の設備を設ける:居室、静養室、食堂、集会室、浴室、洗面所、便所、医務室、調理室、その他管理諸室 ・居室:地階には設けず、床面積は10.65㎡/人以上 ・居室のある階ごとに洗面所、便所(男女別)を設ける ・廊下の幅:1.35m以上、中廊下の幅は、1.8m以上 ・廊下、便所その他必要な場所に常夜灯を設ける ・階段の傾斜は、緩やかにする
福祉施設	軽費老人ホーム	社会福祉法第65条第1項	無料または低額な料金で、身体機能の低下等により自立した日常生活と家族による援助を受けることが困難なものを入所させ、食事の提供、入浴等の準備、相談および援助など、社会生活と日常生活上必要な便宜を提供する。入所者が安心して生き生きと明るい生活できるようにすることを目指す。入所者の意思および人格を尊重し、地域や家庭との結びつきを重視した運営を行う	地方公共団体、社会福祉法人	②2,117	②81,6720	・配置、構造および設備:日照、採光、換気等の保健衛生と防災に配慮する ・入所者の外出機会や地域住民との交流の機会が確保される立地とする ・原則耐火建築物または準耐火建築物。延焼防止や避難等に配慮する ・次の設備を設ける:居室、談話室・娯楽室または集会室、浴室(老人の入浴に適したもの)、洗面所、便所、調理室、その他管理諸室 ・居室:地階不可、原則個室(必要な場合は2人まで)。面積は21.6㎡/人。洗面所、便所、収納設備と簡単な調理設備を設け、これを有効面積は14.85㎡以上。便所と調理設備は共同化できる。緊急の連絡のためのブザーまたはこれに代わる設備を設ける ・10程度の数の居室および当該居室に近接して設けられる共同生活室により構成される区画(ユニット)における設備の基準:居室の床面積15.63㎡(便所等が共同の場合は13.2㎡)以上
高齢者向け住宅	サービス付き高齢者向け住宅	高齢者の居住の安定確保に関する法律第5条	介護・医療と連携し、高齢者の安心を支えるサービスを提供するバリアフリー構造の住宅。住宅としての居室の広さや設備、バリアフリーといったハード面の条件を備え、ケアの専門家による安否確認や生活相談サービスなどにより、高齢者が安心して暮らせる環境を整える	営利法人、社会福祉法人、医療法人	③191,871戸		(サービス付き高齢者向け住宅の登録制度による登録基準) ・専用部分の床面積:原則25㎡以上。ただし、居間、食堂、台所その他の住宅の部分が共同利用に十分な面積を有する場合は18㎡以上 ・各専用部分に台所、水洗便所、収納設備、洗面設備、浴室を備える(共同で良好な設備を設置する場合は台所、収納、浴室とも可) ・バリアフリー構造とする ・安否確認サービスと生活相談サービスが必須。ケアの専門家が少なくとも日中建物に常駐する。そのためのスペースを設ける
高齢者(等)向け住宅	シルバーハウジング(公的賃貸住宅)	国土交通省住宅局長および厚生労働省老健局長通知	高齢者の一人暮らしや夫婦世帯などが安心して快適に暮らせるよう、住宅の設備・仕様に配慮した公営の高齢者向け支援付き住宅。万一の緊急時には生活援助員(ライフサポートアドバイザー)による安否確認や緊急時の対応、などの福祉サービスを受けられる	地方公共団体	④管理団地882団地 管理個数23,000戸以上		設置主体となる地方公共団体ごとに、条例で運営要綱を定めている。地域の家賃相場・一般的な住宅の面積などの実情やニーズなどに基づいて、差異がある。 ・入居者の条件:65歳以上の単身世帯、夫婦のいずれか一方が65歳以上の世帯または65歳以上の者のみからなる世帯(高齢親子、兄弟姉妹など)、または特に必要性が認められる世帯であることなど ・各戸の面積:単身または二人世帯用で40㎡超から50㎡程度、二人世帯用で50㎡超など ・共用部分や各戸へのアプローチにおいてバリアフリーに配慮されていること

①介護給付費等実態調査月報(平成27年10月審査分)、2016.01.08公開。第1表:介護予防サービス受給者数、要支援状態区分・サービス種類別。第2表:介護サービス受給者数、要介護状態区分・サービス種類別。第25表:請求事業所数・件数・実日数・単位数・費用額、サービス種類・施設事業所区分別。
②平成26年社会福祉施設等調査、2014.11.19公開。第2表:施設の種類、年次別施設数。第4表:施設の種類、年次別在所者数。<http://www.mhlw.go.jp/toukei/saikin/hw/fukushi/14/index.html>
③サービス付き高齢者向け住宅情報提供システム、サービス付き高齢者向け住宅登録状況(平成27年12月末時点)、2016.01.06公開。<http://www.satsuki-jutaku.jp/doc/system_registration_01.pdf>
④高齢者住宅財団:高齢者住宅必携、シルバーハウジング・プロジェクト。平成23年3月時点。

え、建築的なつくり込みや家具などのしつらえを工夫する。

　また、高齢化の進行に伴って、住み慣れた地域でなるべく最期まで過ごすことを居住・介護・医療などの機能とともに地域が支えるという、いわゆる「在宅移行」が進められている。しかし、地域での継続居住を支える地域包括支援のネットワークがいまだ十分に整っていないことなどから、依然として施設ケアへのニーズは高い。そのため、特別養護老人ホームへの入居待機に伴って、"特養が空くまで、行き場のない高齢者が複数の施設の短期利用を繰り返す"、施設を転々とする現象（いわゆる「たらい回し」）や無認可施設の利用なども社会的な問題となっている。

　さらに、脱施設・在宅移行の促進のため、これまでハードとソフトが一体的なパッケージとして整備されてきた入居型施設のあり方を見直していこうとする動きがあった。そのなかで、特別養護老人ホーム等における「ホテルコスト」の導入による介護サービスと住まいの切離しがなされている。これは、支払える費用によって住環境のレベル（面積や設備等）を選択できるようにするというねらいを伴っていたが、現状では特別養護老人ホームの室数がそもそも不足していることから、自由な選択ができるようになっているとは言いがたい状況である。

　また、介護と住宅の切離し、または住宅への介護導入による継続居住の支援の観点から、訪問介護やデイサービス等の通所施設の拡充とともに高優賃（高齢者向け優良賃貸住宅）、高専賃（高齢者専用賃貸住宅）などの高齢期の住まいの整備による地域での居住場所の確保などの施策が進んだ。現在では、高優賃、高専賃は「サービス付き高齢者向け住宅」として新たに統合的な基準が設置され、全国でその量的整備が進んでいる。しかしながら、高齢期の住宅としての空間のつくられ方や賃料、福祉サービスとの連携のあり方、介護が必要になった場合の継続居住の可能性など多岐にわたって事例ごとに差異が大きく、建築的な、あるいは住宅としての質の保障という意味ではいまだ、多くの課題を抱えている。

❸ 入居型高齢者施設の基本的な計画留意事項
①特別養護老人ホーム

　利用希望者の各施設への入居申込みに対し、自治体が要介護度や家族からの支援の可能性などをもとに必要性を判断して入所措置をとり、設置主体に対して入所ケアを委託するという制度による介護保険／高齢者福祉施設である。ここでは、常時の見守りや介護が必要な高齢者に対して、介護その他の日常生活上のケアが行われる。現在では、希望者の増加などにより"原則的には要介護度3以上の高齢者のみが新たに入居することができる"と入居基準が変更されており、これまでの整備時期または運用時期に想定してきた入居者要介護度に比して、入居者の重度化が進んでいる。このような状況ではあるが、入居者の尊厳を守り、生活の雰囲気のなかで個別的なケアを行えるよう、原則個室で生活単位の小規模化（ユニット）など生活の場としての配慮が求められている（図1.9〜1.10）。近年では、地域密着型特別養護老人ホーム（定員29名以下、サテライト型施設・サテライトユニットなどとも呼ばれる）も制度化され、地域に根差した介護の拠点としても期待されている。

②介護老人保健施設

　要介護高齢者に対して、療養上の管理や看護、医学的管理のもとでの介護（生活支援やリハビリ）を行う医療施設の一つに位置づけられる施設である。脳梗塞など急性期の心身の病気や障害によって心身の機能の急激かつ著しい変化を負い、急性期病院や回復期（リハビリ）病院で治療や看護を受けた者であって、症状が安定し入院加療が不要な状況にまで回復したものの自宅で自力で生活できるまでの状態には至っていない者が対象となる。

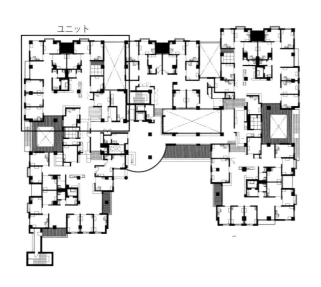

図1.9　特養の基準階平面例（真寿園・埼玉県／共同建築設計）

図1.10　特養の基準階平面例（けま喜楽苑・兵庫県／永野建築設計事務所、監修：外山義）

急性期を脱した後に適切な看護やリハビリを行うことで、在宅生活への復帰を支援するという目的があるため、基本的には長期の入居は想定されておらず3カ月ごとに退所か入所継続かの判定が行われる。施設の計画としては、特別養護老人ホームと同様に生活の場としての質の向上のため、原則個室・ユニット型の施設への転換が図られている。また、その性質上特別養護老人ホームに比べてリハビリ設備が充実しているという特徴がある。

③療養病床（介護療養型医療施設、医療型療養病床）

長期にわたる療養（医療的ケアと介護ケアを受けて暮らす）が必要な要介護者に対して、療養上の管理、看護、医学的管理のもとにおける介護、その他の世話および機能訓練などの医療を行う施設である。医療費の抑制の観点から医療と介護の分離を図るという意図のもと、その機能を特別養護老人ホームや介護老人福祉施設などの介護施設に移すことが検討されているが、そのためには"医療ケアを継続的に受けながら長期的に過ごすことができる"生活の場と仕組みの整備が必要である。また、地域の有床診療所が実質的に療養病床の役割を担う事例も散見される。医療施設であることから、医療法に定められる設置基準等を満たす必要があり、看護・介護スタッフによる見守りや生活介助を含めた病棟運営のしやすさに配慮した計画・設計が求められる。

④認知症高齢者グループホーム

認知症である要介護者が、共同生活を営む住居において、家庭的な環境と地域住民との交流のもとで、日常生活の介助や機能訓練を行うことで、利用者の能力に応じ自立した日常生活を営むことができるようにすることを目的とする（図1.11）。入居定員は5人から9人と定められ、この単位をユニットとすると、原則2ユニットまで1事業所で運営できる。認知症高齢者にとってなじみやすい、家庭的な環境でのケアを前提とするため、民家や集合住宅などの改修による事業所も多い。

図1.11 認知症高齢者グループホームの例（こもれびの家・宮城県/東北設計計画研究所）

⑤有料老人ホーム

有料老人ホームは、高齢者である入居者に生活介護や健康管理、家事などのサービスを提供する施設として定義されており、届出による施設のため行政等の認可や指定を伴わない。また、人数要件もないことから、共同住宅や寄宿舎のように複数人で生活する施設において、高齢者が1人でも入居サービスと介護等のサービスを受けている場合には有料老人ホームとして取り扱われる（みなし有料老人ホーム）。こうした有料老人ホームのうち、「指定特定施設」は、介護保険における「特定施設入居者生活介護（地域密着型特定施設入居者生活介護、介護予防特定施設入居者生活介護を含む）」の給付を受けられる施設で、住まいと介護を包括的に提供する役割を有している。また指定特定施設ではないものの、訪問介護やデイサービスなどの通所介護といった施設外部の居宅サービス等との連携を強化している施設も増えており、運営様態は多様である。多くの場合、施設と利用者との間に利用権契約（入居時一時金による利用権の獲得）が結ばれ、生涯にわたって「居室と共用施設を利用する権利」と「介護や生活支援サービスを受ける権利」が保障される。上記のように、有料老人ホームとみなすことができるが届出がなされておらず、標準指導指針に則した指導機会や消防法上の指導機会がない施設が少なからずあることが社会問題の一つとされている。

⑥サービス付き高齢者向け住宅

利用者側の申込みにより、事業所が定める手続きを経て入居（建物賃貸借または利用権）契約を結ぶ形態の住宅である。生活支援サービスや介護保険サービスを利用する場合は、別途、所定の手続きによって契約を締結または利用申請をする。介護保険サービスは、サービス付き高齢者向け住宅提供事業者が提供または連携するサービスを利用する場合や、地域の別の事業者を利用する場合がある。サービス付き高齢者向け住宅は、上述のように事例ごとの差異が大きい。例えばある事例では住宅の独立性が高く、ほとんど一般の住宅と変わらず自立的な生活が営めるものの、介護が必要になった場合は退居することが契約条件となっている。また別の事例では各戸の面積や設備は最低限で共用空間に十分な台所や便所・共同食堂があり、介護を受けながら継続的に住み続けることができるが、住宅としての独立性が低いので早めの住替えには向かない、などである。これらは両極端な例であるが、実際にはこれらの間に多様な事業様態がある。サービス付き高齢者向け住宅の計画・設計に当たっては、このような運用上の特性に応じた各住戸の設備や面積、また共用部分のあり方などの検討を行うことが原則となる。

1.4 通所型高齢者施設の概要

❶ 通所型高齢者施設での高齢者の過ごし方

通所型施設の利用者は、定年退職からあまり間がなく、なんらかの支援が必要だが比較的元気な人、軽から中度の要介護状態の認定を受けている人まで、様々である。事業所によっては、要支援高齢者を対象にした介護予防通所事業（予防給付）と、要介護高齢者を対象にした通所介護事業（介護給付）を一体的に運用する場合もある。

通所型施設では、見守りや支援が必要な高齢者が日中集まり、食事や入浴、趣味、リハビリなどの活動をしたり、利用者同士でおしゃべりをしたりして過ごす。一人で過ごすことを好み、のんびりと本を読んで過ごす利用者もいる。施設種別によっては宿泊を伴う利用もでき、在宅での高齢者の暮らしと、高齢者の家族の支援を担う施設である。通所型施設を利用する高齢者は、要支援・要介護の認定を受けてはいるが適切な支援があれば自宅で暮らせる人々である。こうした人々やその家族にとって、地域に自宅以外の「居場所」があり、仲間がいて、生きがいとなる活動があることは大切である。他者とのふれあいや楽しみのもてる活動、リハビリ、適切な生活支援は、認知症の進行や心身の衰えを緩やかにし、または症状の改善をもたらす。それは生きがいや自己肯定感、充実した生活、健康な身体づくりに繋がる。

❷ 通所型高齢者施設の種類と経緯

入居型施設を減らし、地域での継続居住を推進するには、自宅への訪問介護や、高齢者が通ってサービスを受けられる施設を整備する必要がある。高齢化の進行に伴い、介護が必要な高齢者をすべて施設に「収容」することは現実的でないため、改めてこうした地域生活支援事業の重要性が認識されている。高齢期の生活の質（QOL）の観点からも、住み慣れた地域で、これまで高齢者個々人が積み上げてきた人間関係や生活リズムを守りながら暮らすことができることは重要である。

高齢者の地域生活支援事業には、主な機能として通所（施設に通って、入浴やレクリエーション、リハビリなどのサービスを利用する）、宿泊・ショートステイ（自宅での介護者のレスパイトケア・就労支援等のための、数日間の宿泊サービス）がある。さらに、高齢者の地域継続居住を支援するため、訪問介護、訪問入浴、配食、外出支援などの介護・生活支援サービスがある。これらのサービスには、要介護認定を受けた高齢者が利用できる介護サービス（介護給付）と、要支援と認定された高齢者が利用できる介護予防サービス（予防給付）がある。事業所ごとに、これらの機能が単独または複合的に提供されている（図1.12）。例えば、単独のデイサービス、デイケアサービスでは通所機能のみを担う（図1.13）。また近年、地域継続居住支援の担い手として注目されている小規模多機能型居宅介護事業所（p.48〜49）では、通所、宿泊、訪問介護の機能を有している。これによって、これまでデイサービスの利用、ショートステイの利用、とそれぞれ別の事業を利用せざるを得なかったことで分断されてきた高齢者の生活の全体を包括的に支援できるようになった。これは、様々な支援が段階的に必要になっていく過程に応じて、適切なケアを継続的に受けられる仕組みとして期待されている。表1.5に、主な通所型施設の概要を整理する。

❸ 通所型高齢者施設の基本的な計画留意事項

①通所介護（デイサービス）

高齢者が要介護状態となった場合でも、可能な限り住み慣れた居宅において、高齢者それぞれがもっている能力に応じて生活機能を維持または向上させながら自立し

図1.12 通所型高齢者施設の種類

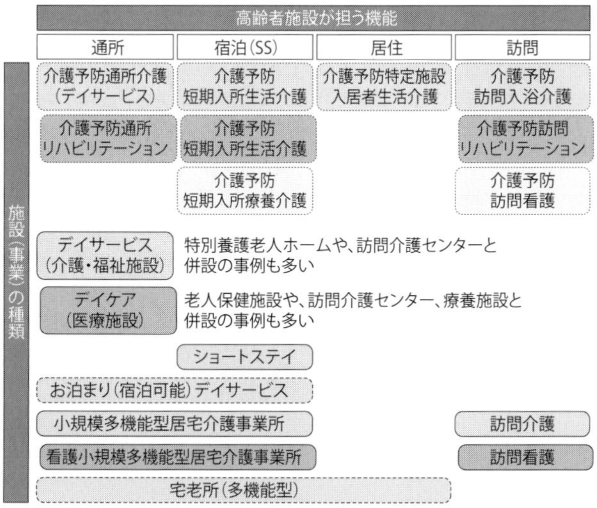

図1.13 特別養護老人ホームに併設されたデイサービスセンターの例
（特養せんねん村・愛知県／大久手計画工房）

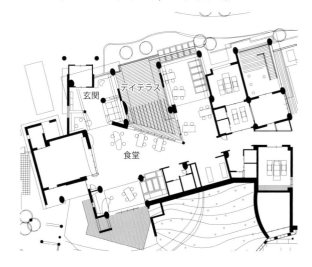

た日常生活を営めるよう、支援することを目的とした在宅介護事業である。利用者の自宅から拠点となる事業所に送迎を行い（通所）、拠点となる事業所や地域施設の利用等によって、食事や入浴、軽運動、レクリエーション、健康管理など必要な日常生活上の世話や機能訓練を行うことで、利用者の社会的孤立感の解消および心身の機能の維持、ならびに利用者の家族の身体的および精神的負担の軽減を図る。レクリエーションなどの活動が単調である、あるいは一斉一括的な処遇でそれぞれの嗜好や尊厳に即した支援が行われないなどの課題が指摘されることもあり、利用者の選択に応じた活動ができることや、思い思いに滞在できる空間構成や運営が望まれる。要介護高齢者に対する通所介護（介護給付）と要支援高齢者に対する介護予防通所介護とが一体的に運営される

【コラム③】
「サービス付き高齢者向け住宅」のこれから

■ サービス付き高齢者向け住宅とは

高齢期にも安心して住める「サービス付き高齢者向け住宅」が増えている。サービス付き高齢者向け住宅は、高齢者住まい法の改正（平成23年10月）によって制度化された国交省と厚労省の管轄下にある制度で、"高齢期の住まいとしてふさわしいバリアフリーなつくり"であることや、"一定の面積や設備、ケアの専門家による安否確認サービスや生活相談サービスなどが受けられる住まい"と定義されている。原則として、各戸の専用部分の床面積は25m²以上（共同利用設備がある場合には18m²）で、専用部分に台所、水洗便所、収納、洗面設備、浴室を備えること（共用部分に共同利用できる施設がある場合には緩和）とされている。さらにデイサービスセンターや診療所、訪問介護ステーション、地域交流施設などとの併設が想定されており、地域の福祉・医療・交流の拠点としての機能も期待されている。

「住み慣れた地域で最期まで」を実現するためには、終末期までの生活が可能な住まいで生活することが必須であるが、戸建て住宅や古い集合住宅などでは階段や水まわりなどが不適当である場合も多い。そこで、自立またはごく軽度の介護があれば自力で生活することが可能な時期に、継続居住を可能とする住まいに住み替えることを推奨するという概念が根幹にある。

実態としては、独立性の高いマンションのようなタイプから、集落のような戸建て住宅群、食堂や台所など就寝と収納以外の大半の生活空間を共用するグループリビングタイプまで、各戸の独立性や生活の独立性には幅がある。また本来の「早めの住替え」タイプから、自宅での生活が困難となった時期からの比較的短期間を過ごす、実質的には「特養の空き待ち」ともいえるタイプまでが存在する。このようななかで、十分に自立的で尊厳を守られた生活の空間として、必ずしも適切でない事例もあると指摘されることもある。介護が必要であれば入居できない取決めや、終末期までの継続居住を希望しても退去する取決めで運用されている事例もあり、高齢期の「安心な」住まいと言いがたい場合もある。また建物としても、集合住宅タイプから集落様の戸建ての住宅群まで、地域の特性や設置主体の考えに応じて多様である。

■ サービス付き高齢者向け住宅と「地域」

また、高齢者専用の住宅に移住する前提でしか十分なケアを受けられないことで、これまでの住まいから引き離されざるを得ないケースもあること、また同時に空き家が増えることで"地域"の衰退が懸念される場合もある。このような観点から、一気に高齢化が進みがちなニュータウン（一斉に戸建て／集合住宅が建設、供給された地域など）においては、住民はこれまで住んでいた住宅に住み続けつつ、地域に生活支援員のサービス拠点を設置することで地域や住棟全体として"みなしサービス付き高齢者付け住宅"とでも呼称できるような仕組みの構築を志向する事例も出始めている。

■ 日本版CCRCの導入

高齢期の適切な住まいを考える視点からは、日本版CCRC（Continuing Care Retirement Community）の導入についても関連する事柄として捉えることができる。日本版CCRCは、「都会の高齢者が地方に移り住み、健康状態に応じた継続的なケア環境のもとで、自立した社会生活を送れるような地域共同体」として構想が進められている。これは、都心部への人口集中に伴う家賃高、高齢者介護施設運営費用の相対的コスト高、介護人員の不足などを背景として、人口集積地から比較的人口密度が低い地方への退職者（いわゆる元気高齢者）の「早めの住替え」を推奨する制度である。これによって、都市部では高齢者の居住と介護のニーズを減らすことができ、同時に地方には生活関連や介護等の産業機会をもたらすことができるとされている。

（参考）
・国土交通省、厚生労働省：サービス付き高齢者向け住宅－高齢者が安心して生活できる住まいづくりを推進するために
〈https://www.satsuki-jutaku.jp/doc/panfu.pdf〉、参照 2015.06.17
・内閣官房：日本版CCRC構想を巡る状況
〈http://www.kantei.go.jp/jp/singi/sousei/ccrc/dai1/siryou2.pdf〉、参照 2015.06.17

日本版CCRCのモデル事例の一つである「シェア金沢」のサービス付き高齢者向け住宅エリアの様子。「シェア金沢」は、レストラン、温泉施設、住民が共同で運営する売店、カフェ、子育て支援施設、学童保育施設、障害児施設など全体が公共の福祉を体現する"ごちゃまぜのまち"としてつくられている。サービス付き高齢者向け住宅エリアでは、隣棟のリビングスペースが向かい合うようにつくられ、互いの気配を感じながらの暮らしがデザインされている。また、ワインディングした道など、運営者がパタン・ランゲージを研究し、様々なかかわりや活動を誘発する環境づくりが実践されている

場合もあり、こうした場合には特に、必要な支援が異なる多様な利用者が同時に居合わせることへの配慮も必要となる。

②通所リハビリテーション（デイケア）

高齢者が要介護状態となった場合でも、可能な限り住み慣れた居宅において、個々人の能力に応じて自立した日常生活を営むことができるよう、支援することを目的とした在宅介護事業である。利用者の居宅からの送迎を

表1.5 通所型施設の種類

区分	名称	根拠法	機能・目的（基本方針、抜粋）	主な設置主体	施設等の数	利用者数	設置基準（抜粋）
福祉施設	通所介護（デイサービス、指定居宅サービスのうち通所介護）	介護保険法第42条第1項ならびに第74条第1項および第2項	要介護状態となった場合でも、利用者が可能な限り居宅において、その有する能力に応じ自立した日常生活を営むよう生活機能の維持または向上を目指し、必要な日常生活上の世話および機能訓練を行うことで、利用者の社会的孤立感の解消および心身の機能の維持ならびに利用者の家族の身体的および精神的負担の軽減を図る	地方公共団体、社会福祉法人	43,109	1,400,000	・専用の食堂、機能訓練室、静養室、相談室および事務室を有するほか、消火設備その他の非常災害に際して必要な設備ならびに指定通所介護の提供に必要なその他設備および備品等を備える ・食堂および機能訓練室：それぞれ必要な広さを有するものとし、その合計した面積は、3㎡に利用定員を乗じて得た面積以上 ・上記にかかわらず、食堂および機能訓練室は、食事の提供の際にはその提供に支障がない広さを確保でき、かつ、機能訓練を行う際にはその実施に支障がない広さを確保できる場合にあっては、同一の場所とできる ・相談室：遮へい物の設置等により相談の内容が漏えいしないよう配慮する
介護予防	介護予防通所介護（介護予防デイサービス）	介護保険法第8条の2ならびに第115条の2から11	要介護状態となった場合でも、利用者が可能な限り居宅において、その有する能力に応じ自立した日常生活を営むよう、必要な日常生活上の世話および機能訓練を行うことにより、利用者の社会的孤立感の解消および心身の機能の維持ならびに利用者の家族の身体的および精神的負担の軽減を図る	地方公共団体、社会福祉法人	36,810	518,600	同上 ＊介護予防通所介護では、生活機能を向上させるための「共通的サービス」に加えて、運動器機能向上、栄養改善、口腔機能改善、生活機能向上、グループ活動、の「選択的サービス」を利用者の心身の状態に応じて個別的に実施する
医療施設	通所リハビリテーション（デイケア）	介護保険法第42条第1項ならびに第74条第1項および第2項	要介護状態となった場合でも、その利用者が可能な限りその居宅において、その有する能力に応じ自立した日常生活を営めるよう生活機能の維持または向上を目指し、理学療法、作業療法その他必要なリハビリテーションを行うことにより、利用者の心身の機能の維持回復を図る	医療法人、社会福祉法人	7,464	426,300	・指定通所リハビリテーションを行うにふさわしい専用の部屋等であって、3㎡×利用定員以上の面積の室を有すること。ただし、介護老人保健施設である場合、当該専用の部屋等の面積に利用者用に確保されている食堂（リハビリテーションに供用されるものに限る）の面積を加えるものとする ・消火設備その他の非常災害に際して必要な設備ならびに指定通所リハビリテーションを行うために必要な専用の機械および器具を備える
介護予防	介護予防通所リハビリテーション	介護保険法第54条第1項2号ならびに第115条の4第1項および第2項	利用者が可能な限りその居宅において、自立した日常生活を営むことができるよう、理学療法、作業療法その他必要なリハビリテーションを行うことにより、利用者の心身機能の維持回復を図り、もって利用者の生活機能の維持または向上を目指す	医療法人、社会福祉法人	7,141	84,100	・指定介護予防通所リハビリテーションを行うにふさわしい専用の部屋等であって、3㎡×利用定員以上の面積の室を有すること。ただし、介護老人保健施設である場合、当該専用の部屋等の面積に利用者用に確保されている食堂（リハビリテーションに供用されるものに限る）の面積を加えるものとする ・消火設備その他の非常災害に際して必要な設備ならびに指定介護予防通所リハビリテーションを行うために必要な専用の機械および器具を備える ＊介護予防通所介護（介護予防デイサービス）は、設置主体となる地方公共団体等が地域の実情やニーズに応じて条例、規則、要領によってその基準を定めている ＊指定居宅サービス（通所介護）と指定介護予防サービス等の一体的運営を行う事業所もある
福祉施設	短期入所生活介護（ショートステイ）	介護保険法第42条第1項ならびに第74条第1項および第2項	要介護状態となった場合でも、その利用者が可能な限りその居宅において、その有する能力に応じ自立した日常生活を営むよう、入浴、排泄、食事等のその他の日常生活上の世話や機能訓練を行うことで、利用者の心身の機能の維持ならびに利用者の家族の身体的および精神的負担の軽減を図る	地方公共団体、社会福祉法人	10,025	326,600	・耐火建築物。ただし、居室が接地する1階にのみある2階建てまたは平屋建ての場合、また消防上の安全性が確認されている場合は準耐火建築物とできる ・次の設備を要介護者に配慮し適切に設ける：居室、食堂、機能訓練室、浴室、便所、洗面設備、医務室、静養室、面談室、介護職員室、看護職員室、調理室、洗濯室または汚物処理室、介護材料室（ただし、他の社会福祉施設等の設備を利用することで効率的運営が可能で、利用者の処遇に支障がない場合、居室、便所、洗面設備、静養室、介護職員室および看護職員室のみ必須） ・居室：1室当たり定員は4人以下、面積10.65㎡/人以上、日照・採光・換気等利用者の保健衛生、防災等について十分考慮する ・食堂および機能訓練室：それぞれ必要な広さを有するものとし、その合計面積は3㎡×利用定員以上。食事の提供と機能訓練の実施に支障がない広さを確保できる場合は、同一の場所とできる ・廊下の幅：1.8m以上。中廊下の幅は2.7m以上 ・廊下、便所その他必要な場所に常夜灯を設ける ・階段の傾斜を緩やかにする ・消火設備その他の非常災害に際して必要な設備を設ける ・居室、機能訓練室、食堂、浴室および静養室が2階以上にある場合は、1以上の傾斜路またはエレベーターを設ける
福祉施設	小規模多機能型居宅介護	介護保険法第8条第14項および第18項	居宅要介護者について、その者の心身の状況や置かれている環境等に応じて、その者の選択に基づき、その者の居宅において、または厚生労働省令で定めるサービスの拠点に通わせ、もしくは短期間宿泊させ、当該拠点において、入浴、排泄、食事等の介護その他の日常生活上の世話であって厚生労働省令で定めるものおよび機能訓練を行う	社会福祉法人	4,940	83,700	・1事業所当たり登録定員：本体事業所は29人まで、サテライト型は18人まで ・通いサービスの1日当たり定員：本体事業所は定員×1/2～18人、サテライト型は定員×1/2～12人 ・泊まりサービスの1日当たり定員：本体事業所は定員×1/3～9人、サテライト型は1/3～6人 ・次の設備を要介護者に配慮し適切に設ける：居間、食堂、台所、宿泊室、浴室、消火設備その他の非常災害に際して必要な設備 ・居間および食堂：それぞれ必要な広さを有するものとし、その合計面積は、3㎡×通いサービスの利用定員以上とする。居間および食堂は、同一の場所とできる ・宿泊室：1室当たり定員は1人。ただし、利用者の処遇上必要と認められる場合は、2人まで。床面積は、7.43㎡以上（利用定員によらない）。この両方の基準を満たす宿泊室を「個室」と呼び、個室以外の宿泊室を設ける場合は、個室以外の宿泊室の面積を合計した面積は、おおむね7.43㎡×宿泊サービスの利用定員以上とし、利用者のプライバシーが確保された構造とする。居間はプライバシーが確保されたものであれば、個室以外の宿泊室の面積に含められる ・利用者の家族や地域住民との交流を図るため、住宅地または住宅地と同程度に利用者の家族や地域住民との交流の機会が確保される地域におく

介護給付費等実態調査月報（平成27年10月審査分）、2016.01.08公開

行い、拠点となる事業所で日中活動を行う。活動はリハビリテーションが中心であり、理学療法、作業療法、その他必要なリハビリテーションによって身体機能の維持・回復、認知症の軽減と日常生活の回復が目指される。また、食事や入浴などの日常生活上の支援や、口腔機能向上サービスなどが日帰りで提供される。介護予防通所リハビリテーションと一体的に運営される場合もある。

③小規模多機能型居宅介護

居宅で暮らす要介護の高齢者について、利用者の心身の状況やおかれている環境等に応じて、利用者の選択に基づいて、必要なサービスが複合的に提供される事業。居宅への訪問介護、拠点となる事業所での通所介護、短期間宿泊（ショートステイ）のサービスを受けることができる。要介護高齢者の多くは、加齢や認知症の進行などによって介護度が上がり、必要な支援が変わっていく。一つの事業所で複数の機能を提供する小規模多機能型居宅介護では、高齢者が利用する事業所を変更することなく、なじみの関係のなかで連続的な支援を受けることができる。必須である3機能に加えて、居住（グループホーム）機能を併設または隣接して有している事業所では、通い・泊まり・居住という介護のステージや支援ニーズの変化に即したサービスを提供している。居住と各居室と食堂・居間・浴室等の共用空間での介護を一体的に提供する入居型介護施設に対して、居室≒利用者

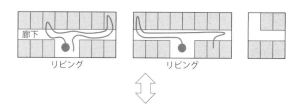

図1.14 地域全体が介護環境となる
施設ケアでは利用者25人を建物内で24時間365日ケアする

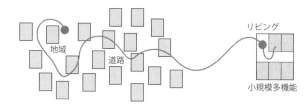

小規模多機能では、利用者25人を地域で24時間365日ケアする

の居宅、共用空間≒拠点となる事業所、施設の廊下≒地域の道路として地域全体を介護施設/環境として捉えることができると例えられる（図1.14）。拠点となる事業所では、日中利用者数と夜間利用者数（宿泊者数）に差異があることから、1日の間に人数の増減があることに留意した空間構成が有効である。この場合、食事を用意する台所が昼夜ともにスタッフの作業拠点となる場合が多いことに留意する。地域に根差した運営を基本理念とすることからも、民家等の改修による事例も多い。

1.5 事例の位置づけ

このような高齢者施設整備における歴史的経緯や近年の動向を踏まえ、把握しておくべき基本的な施設として、デイサービス（DS、通所介護）、グループホーム（GH、認知症高齢者の住まい）、小規模多機能型居宅介護事業所（訪問・通所・宿泊）、特別養護老人ホーム（特に要介護度が高く、自宅に住み続けることが困難な状況である高齢者の住まい）を事例に挙げる。その際、地域性も建物のありように影響する重要な要素であることから、都心、郊外、地方と立地についても多様性を考慮した。また、近年の動向では福祉機能を基軸とした複合施設の役割も増していることから、多様な高齢者支援の機能をもつ施設も重要である。さらに、利用者にとってのなじみや、地域の文化的・不動産的資源の利活用、生活環境や景観の保全といった様々な理由から既存建物の転用による事例も多数あり、その価値は今後の「住みこなし」の時代において極めて意義深い。そのため、転用による事例も掲載することとした。

「永福ふれあいの家」は、都心に立地する高齢者在宅通所介護事業所（デイサービスセンター）で、L字形の平面にデイルームが分節されて配置されており、集団規模のコントロールが体現された事例である。また、建物をL字形とすることで空地からの十分な通風・採光や眺望を確保しており、明るく開放的な雰囲気がある。

「レスパイトハウスやさしいところ」は、宿泊室を併設した高齢者在宅通所介護事業所で、地方都市の近隣郊外に立地している。木質の仕上げ、小さな空間の連続、

図1.15 掲載事例の位置づけ

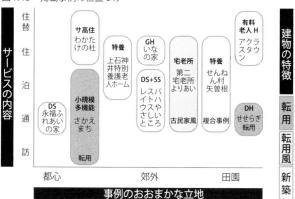

＊図中略称：サ高住：サービス付き高齢者向け住宅、GH：認知症高齢者グループホーム、DS：デイサービス（通所介護）、SS：ショートステイ（短期宿泊）、有料老人H：有料老人ホーム、特養：特別養護老人ホーム

概要 19

照度を抑えたつくりがゆったりとした落着きを何層にも演出しており、穏やかでしみじみとした味わいのある雰囲気の事例である。

「第二宅老所よりあい」は、地方都市郊外に立地する、宿泊室を併設した認知症対応・高齢者在宅通所介護事業所（認知症デイサービス）である。運営する法人は、小規模多機能型居宅介護事業の制度化以前から、通い・泊まり・住むを必要な支援のステージや内容に応じて一体的に提供する「宅老所」を運営しており、その仕組みを現在も保持している。新築事例だが、利用者のなじみや、「普通である」ことを理想とするケア環境を体現するため古民家風のつくりが採用され、昔からそこにあったという風情を感じる建物である。

「さかえまち」は、都営アパートの1階部分を改修してつくられた小規模多機能型居宅介護事業所である。全国に大量に存在するいわゆる「団地」は、高齢化により高齢期の住まい方を支える仕組みを導入することで、成熟した生活環境や団地文化を残しつつ現代的な住まいとしてリデザインすることが求められており、その先駆的な一例として注目される事例である。

「いなの家」は、認知症対応型共同生活介護（認知症高齢者グループホーム）を行う、グループホームの制度化直後につくられた事例で、その制度化に尽力された故・外山義氏が理想としたありようが高次のレベルで実現されている。その特徴は、第一義には「家であること」と言え、中庭から差し込む光を取り入れつつ、回遊性のある空間構成のなかで日々の変化を感じながら「個」の生活と「共同」の生活のバランスを、それぞれの生活歴や試行、その日の体調などによって選び取ることができる。

「せせらぎ」は、背後に里山を背負い、眼前には田畑が広がる、のどかな地方田園地帯に立地する認知症高齢者グループホームである。木造瓦葺きの民家の改修による事例で、入居者の生活習慣の保持を考えて改修は最小限にとどめ、この地域の昔ながらの生活が保たれている。玄関の上がり框などの段差もあえて残して、生活のなかでリハビリが自然に行われる環境がつくられている。

「上石神井特別養護老人ホーム」は、都市郊外の住宅地に立地する事例で、家らしい外観と内部空間のスケール感を大切に設計されている。段階的な空間構成によって、利用者の心身の状況等に応じた距離感の選択を支援している。

「わかたけの杜」は、都市郊外の住宅地に立地するサービス付き高齢者向け住宅である。緑地（敷地内に保存樹林を含む）に隣接しており、住宅街と緑地のいずれにもなじむ、接地性や他者との距離感が重視された、小スケールの建物群で構成されたつくりが特徴的な事例である。入居者が望む生活スタイルや予算に応じて選択できる住戸の種類が用意されており、日常生活動作（ADL）が低下してもQOLを保って暮らすことができることなど終の棲家としての様々な配慮がなされている。

「コレクティブハウスアクラスタウン」は、独自の「社会型有料老人ホーム」というコンセプトで企画・運営されている事例で、特定有料老人ホームの指定を受けており、介護を受けながら暮らすことができるが、入居者は高齢者だけでなく身体障害者も入居している。地域に開放されたスペースがふんだんに用意され、それぞれ玄関を有する小スケールの建物群での構成も「街」としてのありようを演出している。

②設計・計画

2 設計・計画

2.1 高齢者のための環境デザインの原則

1.2において高齢者施設の近年の傾向として、生活単位の小規模化・個別化・家庭化・地域化を挙げた。

本節では、設計・計画にあたって、これらを実現するための空間や環境をデザインする考え方や、基本的なアイディアについて、入所系施設を中心として紹介する[*1]。これらは必ずしも建築設計においてのみ配慮すべきことではなく、利用者の使い方に負う部分も大きいが、そうした使い方まで考慮することが求められている。

❶ 安心・安全を確保する

誰のための環境であれ、まず人命と財産の安全を保障することが施設の第一の役割である。高齢者が自宅から介護付きの施設に移る一番の理由は、何かあったときにすぐ助けてもらえるという安心感である。そのためには、具体的な危険に対する物理的な対応と、見守りや異常検知などの介護体制の充実のための空間的な工夫の両方が大事である。

①危険や不安の除去

高齢者の場合は、身体機能・認知機能が衰えてきており、感染症予防などの衛生管理も重要であるが、加えて転倒による怪我、温熱感覚の低下による熱中症・低温やけど・着衣着火事故、嚥下機能低下による誤嚥からの窒息または肺炎など、一般健常者と比べて生活のなかの危険も多い。浴槽では浮力が働き、十分な筋力がないと姿勢を維持できずに、ちょっとしたことで溺れてしまう。

要所要所での手摺の設置（図2.1）、邪魔になる不要な物を残置しない、ぶつかっても怪我しにくい物の形状、段差がなく滑りにくく転倒しても大事に至らない床面の仕上げなどに配慮する必要がある。

一方で、高齢者も自身の危険性を自覚している部分もあり、慎重になって行動を控える傾向も強い。例えば、転落の懸念がある階段や段差には不用意に近づかないようにしている人も多い。また、廊下が何色かで構成されている場合、一番暗い色の部分を避けて歩く人が結構いる。これは、視覚が衰えると暗い部分は穴が開いているようにも見え、用心をして踏まないようにしているからである。たとえ段差のない安全な床面をつくっても、これでは安心は得られない。

【コラム④】
介護職員による環境づくりを助けるしつらえ

通常、生活環境を整えるのは生活者自身であるが、施設居住の高齢者には残念ながらその能力が不足している場合がほとんどである。そのため、施設の介護職員が代わってその人に合った生活環境に整える「環境づくり」を担うこととなる。介護職員はケアのノウハウを中心に学んできているので、まずケアでなんとか対処しようと考えるが、環境を整えることによって、ケアでの対応の何割かを環境に負わせることができ、その分ケアの負担を軽減することができる。

特養の個室ユニット型施設の運営にあたっては、国の定めた"ユニットケア研修"を、施設管理者と介護者の一定数が受講することが求められている。そのユニットケア研修のなかには、従来型と大きく変わった空間構成を理解して使いこなすために、"環境"に関する講義の単元もある。そのため、この研修の受講生を中心に環境づくりを生活とケアに生かしていこうという姿勢が徐々に広まりつつある。2.1に示す環境デザインの原則も、介護職員による環境づくりにおいて利用されている内容をもとにしてまとめたものである。

介護職員は介護業務で多忙であり、環境づくりを実践するのは容易ではない。対象の利用者の日常生活をよく観察し、生活歴を調べ、ケアプランに生かす方策を考えたうえで、環境で何ができるかを考えるというのは相当手間のかかる作業である。また、とかく日本人は、与えられた空間をそのままで使おうとする傾向が強いが、使いやすいように積極的にカスタマイズしてよいというふうに意識を変えることが大切である。建築空間が環境づくりを考えやすく、実施しやすいようにつくられていると、実践の助けになる。例えば、物をぶら下げたり、張り付けやすい壁の仕様、ちょっとしたコーナーをつくりやすい廊下の膨らみ、取り外しやすい扉などが挙げられる。建築側が空間をつくり込みすぎず、利用者が手を入れる余白を残した意匠を心掛けることが必要である。

職員による玄関ロビーの環境づくりの実践。いろり端や棚の小物、座布団、着物の帯など（特養かみさぎホーム改修・東京都）

②見守りしやすい空間構成

　介護者の姿が常に見えていると、高齢者は自分に何かあったときすぐに気づいてくれると思える。したがって、介護者もヘルパーステーション内で事務や記録作業をするより、高齢者と並んで、できるだけ長い時間を同じ居間空間で過ごすほうが高齢者の安心に繋がる。ただし、遠くからの見通しを良くしようとすると直線的で何も物が置かれない空間が広がることになり、殺風景な生活空間となってしまう。遠くからでは、危険を察知できてもすぐにはたどり着けないので危険性を除去したことにはならない。見通しの有無にかかわらず、職員のこまめな巡回も安心と安全の確保には重要である。

❷ 不快な環境の刺激を抑制する

　マズローの欲求の段階説によると、人の欲求には段階があり、より根源的な欲求がおおむね満たされると、一段階上の欲求が現れるという（図2.2）。安全・安心が担保されたら、次は不快な環境が気になってくる。

①不快なにおいの除去

　便所で用を足せない人が多い施設では、排泄物のにおいが室内に発生するのは致し方ないが、それがいつまでも漂っているのは不愉快である。食事のにおいも同じである。速やかに発生源を撤去できること、効果的な通風や換気の方法があること、壁・床や家具などについたにおいを落としやすいことなどが求められる。

②生活を妨げる騒音の排除

　食事やリネンなどのカートの往き来するガラガラという音、ほかの人の押したコールの警報音など、施設には一般の住宅ではあり得ない音が氾濫している。住まいに近い静穏な生活空間の実現が望まれる。

③適切な視覚的刺激の調整

　高齢者はまぶしさに弱い。ギラギラとした照明だけでなく、窓を通しての日差しもまぶしくて不快な刺激となる。外光に対してはカーテンやすだれなどで細かく調節できることが望ましい。

　また、前述のように黒い床は穴が開いているように見え、反射率の高い床はまぶしいうえに濡れているように見える。装飾も目がチカチカしたり、注意の妨げになったりするので、過剰にならないように気をつけたい。

❸ 心地よい環境を提供する

　五感は、周囲の状況を感じ取り、よりよく生き抜くために人間に備わった能力である。良質の環境刺激を提供することによって、高齢者の五感を刺激し、残された感受性を使って、環境の情報をできるだけ感じ取ってもらうことを心掛けたい。

①香りによる感性への働きかけ

　五感のなかで、過去の記憶と最も密接に結びつくのは臭覚だそうだ。施設的な消毒や洗剤のにおいだけでなく、花や食べ物などの自然や生活に関連した香りで、季節や時間を感じ取ったり、過去の出来事を思い出すことによって、高齢者は豊かな時間を過ごすことができる。

②柔らかな素材の提供

　施設的な硬い素材ではなく、木・畳・布・紙など家庭的な柔らかい手触りの素材は、心を穏やかにする。ソファに置かれたクッションは、抱きかかえてふわふわした触感を楽しめるので、人気が高い。

③良質な視聴覚刺激による環境情報の提供

　人は環境情報の8割程度を視覚から得ていると言われる。また目が届かない範囲の情報は聴覚が頼りになる。不快な視環境・音環境が配慮されれば、退屈させないような環境の良質な刺激を提供できるし、❹以降に記す高齢者の個人に寄り添った環境づくりを行って、それを感じてもらうことが可能となる。

❹ ふれあいを促進する

　安全・快適の次に満たすべきは、他者とのかかわりへの欲求である（社会的欲求）。

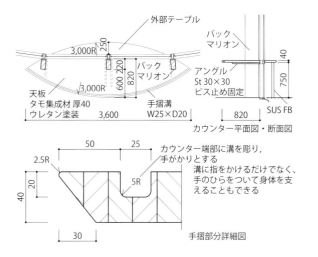

図2.1　造作家具の天板の先端に彫られた溝型手摺（いきいきらんど下條・長野県／中村勉総合計画事務所）

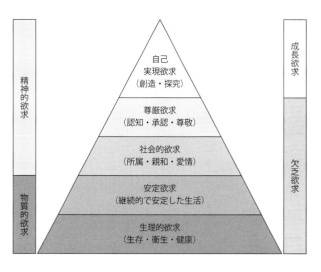

図2.2　マズローの欲求の段階説

①ふれあいを生み出す空間

誰しも、大きすぎる空間では落ち着かないし、大勢のなかでは適切な人間関係を築きにくい。ただし、小さすぎる空間や集団も息苦しく、閉塞感がある。高齢者にとって適切な集団規模は6〜10人程度と言われ、基本的な生活領域はこの集団が互いの距離を調整しながら過ごせる広さで計画すべきである。ユニットはこの考え方を踏襲した空間構成となっている。こうした小規模な環境のなかで、高齢者と介護者は互いを理解し、穏やかで親密な生活を構築する。

ふれあいが生まれるような適当な距離感を保つためには、1〜15人程度までの様々な集団規模で集まれる複数の空間があって、隔離されているのではなく、共通の動線空間を介して緩やかに繋がっているのがよいとされる（図2.3）。接触の機会が多いほどコミュニケーションは起きやすく、隣の空間の様子がなんとなくわかるくらいが、人との距離感を保ちやすい。

②ふれあいを広げる家具やしつらえ

廊下で出会って話が弾んだとき、傍らに椅子とテーブルがあれば、座ってさらに話し込めるだろう（図2.4）。椅子の座り心地や空間の居心地が、面会に来た家族の滞在時間にかかわってきそうである。正面に座るのはまじめな話、並んで座るのは体も預けての親密な話、90度に向き合うのは目線と間合いを場合によって調節できる気楽な話と、座り方により話しやすい話題とそうでない話題がある。テーブルの大きさも距離感に影響する。

③ふれあいのきっかけとなる小道具・景色

目の前にある物がきっかけとなって、話が弾むことがある。昔懐かしい小道具、季節を感じさせる物や窓の外の景色など、たくさんの手掛かりを用意しておくとふれあいが生まれるチャンスが増える。昔のなじみのある事物をきっかけに自身の過去を回想し、人生を肯定していく作業療法を回想法というが、このような小物類は回想法にも効果的である（図2.5）。

④社会的行動を促すしかけ

制作した作品を見てもらえる展示コーナー、面会に来た孫にお菓子を買ってあげられる売店、来訪者にお茶を入れる手伝いをする喫茶コーナーなど、社会的行動は必然的に人々とのふれあいを生み出す。

5 プライバシーを確保する

社会的なふれあいが起こると、プライバシーの確保が問題になる。両者は表裏の関係とも言えるが、しっかりしたプライバシーが確保されて、対人関係のストレスを避けたり、癒やしたりする場所があって初めて、人は勇気を持って人々との交流に飛び込めるものであり、社会的欲求を満たす場合にも大事な役割を果たす。

同時に、施設が自分をどう処遇しているか、尊厳欲求を満たさせるような項目でもある。

①プライバシーに関する施設の方針

効率的な介護業務と、利用者のプライバシーへの配慮は相反することが多く、どの程度までプライバシーが守られるのかは施設の方針によるところが大きい。

例えば、入浴・排泄・衣服着脱時にどのように高齢者の羞恥心に配慮しているかで、それらが行われる場所のしつらえは変わってくる。また、居室の扉は開け放しが基本なのか、開け放しでも暖簾をかけて視線を遮るのか、閉めておくのが通常なのか、利用者が鍵を掛けられるのかは「1安心・安全を確保する」に記した見守りとプライバシーのバランスで決まってくる。

②居室におけるプライバシーの確保

プライバシーを重要視するならば、個室化が妥当である。ただし、個室内からは外部との関係がとりにくく、孤立化したり、寂しさを感じるという課題もある。

また、経済的な問題で個室に入れず、多床室で過ごす高齢者も多い。多床室ではにおいや音は遮れないが、カーテンだけでなく家具や間仕切壁で視線を遮るなど（図2.6）、多床室こそプライバシーに配慮する必要がある。

③プライバシーを確保するための空間の選択

多床室で完全なプライバシーが確立できないのであれば、代替手段としてプライバシーを確保できる空間を用意して、必要なときに使ってもらうという配慮が必要である。一人になりたいときの空間、少人数の家族と心置きなく話せる空間、親族集まっての誕生祝いなど、多様なニーズに合った空間が用意されるべきである。

6 見当識の衰えを補う

見当識とは時間や空間を認識する能力のことで、認知症によって見当識が衰え、いつ・どこがわからなくなる人が多い。まわりに教えを請うたり、間違いを指摘され

図2.3 適度な距離感のある2つの共有空間（GHいこいの家道海・福岡県）

図2.4 座って話し込める廊下の談話コーナー（大泉特養・東京都）

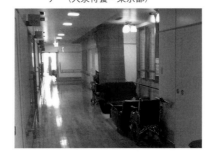

図2.5 会話のきっかけをつくるなじみのある物たち（特養かみさぎホーム改修・前掲）

たりすることで、自尊心が傷つくこともある。対して、環境の工夫で、見当識を補うことが可能である。

①適切なサイン

慣れない場所でも迷わないためには、適切なサインの掲示が効果的である。車椅子の高齢者にも見やすい高さに掲示したり、遠くからでもわかる向き・大きさ・色彩なども大事である。図2.7の左の事例では車椅子でも見やすい低い位置に部屋の住人の個性に応じた飾りをし、右の事例では遠くからでもわかりやすい場所の目印を提示している。認知症が進むとピクトグラムの意味を汲みとるのは難しくなるが、字はまだ読めるかもしれない。

②さりげない場所のわかりやすさ

舞良戸は古い家の便所によく使われていたので、なじみのある高齢者にとっては便所を認識しやすい（図2.8）。また、夜間に便所の扉だけにスポットライトを当てたところ、便所を間違えることがなくなったという例もある。このように、なじみや違いなどに基づいてわかりやすい環境づくりを行えば、サインに頼らなくとも空間を認知することがある程度は可能である。

③視界の確保

ユニットのように生活単位を小規模化するとともに、視界が開けていることで、場所に関する情報を多く手に入れることができ、迷うことが少なくなる（図2.9）。

④季節や時間を知らせるしかけ

目にしやすい場所にカレンダーや時計を掲げるのと同様に、花や行事に関する物を飾ることで季節を伝えることができる。図2.10の事例では、風除室の車椅子収納の上を飾り棚にし、高齢者と一緒に季節感のあるものを飾っている。また、食事の支度の音とにおいで、大体の時間を感じさせることもできる。尋ねられなくても季節や時間の話をさりげなく織り込む会話も大事である。

７ 機能的な能力の維持・向上を手助けする

手厚すぎる介護は残存能力を使う機会を奪い、かえって廃用を進めることに繋がってしまう。高齢者は身体能力は衰えたとはいっても、適切な支援を行えばまだまだできることはあって、使えば残存能力は維持できる。高齢者ができることを自分ですれば、介護者の負担がいくらか軽減されるだけでなく、高齢者の尊厳も守られる。対策を考える際には、生活や行動の障害を克服するバリアフリーやユニバーサルデザインの考え方が役に立つ。

①日常生活の自立を助ける

排泄・入浴・整容・衣服着脱などの日常生活動作において、自らでできることを多くしていく工夫をする。例えば、衛生上自動水栓にした洗面台では、高齢者が自動水栓に慣れていなければ水の出し方がわからず、水が出れば手を洗える人でも手を洗わなくなってしまう。したがって、水の出し方を記すだけで、自分で手を洗える人が増えることが期待できる（図2.11）。

車椅子の使用を考えなくてよいなら、あえて適度な段差を設けるのも一案である。その場合は、段差がわかりやすいよう、素材や色・配置に配慮する。歩行が困難な場合は、立ち上がらずに膝や尻を滑らせて移動できるように、畳や絨毯など床のしつらえを計画する方法もある。

②食事の意欲と自立の支援

人は食べられなくなったら急速に弱っていく。できる限り食べる意欲を持ち続けてもらうために、自分で食べられるように補助具を工夫したり、おいしそうに思える食事・食卓を準備するなどの支援が効果的と思われる。

図2.6 家具で視線を遮る（きのこ老健・岡山県）

図2.7 わかりやすいサイン（左：マザアス東久留米改修・東京都、右：富士見台DS改修・東京都）

図2.8 舞良戸（右）は便所のしるし（GHいなの家・兵庫県）

図2.9 開けた視界・わかりやすい空間構成（GHいこいの家道海・前掲）

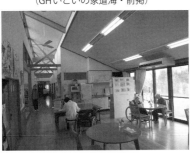

図2.10 季節感のあるものを飾る（特養かみさぎホーム改修・前掲）

図2.11 説明を記すだけで自立して使える人が増える（田柄特養・東京都）

③家事活動への参画

炊事・洗濯・掃除・買物など、ちょっとした配慮で家事活動が可能な高齢者が増える。コンロを離すことで炊事の手伝いの際の危険性を減らす、低い位置にハンガーを掛けることで座ったままで物干し作業ができるなど工夫できることは多い。図2.12の事例では、物入れの下の空間を物干し用具置き場にし、仮に掛けるハンガーレールも設置されている。

❽ 生活の継続性を支援する

その人がその人らしくあり続けるためには、慣れ親しんだ環境とライフスタイルを継続することが大事である。その人らしい生活やしつらえを組み立てるときのヒントを得るためには、本人や家族から生活歴を詳しく聴き取るのが効果的である。

①慣れ親しんだ行動様式とライフスタイルの継続

それまで長年にわたって継続してきた仕事・趣味・日課・習慣などについて、施設内でも形は多少変えながらも続けられるように配慮できるとよい。例えば、陶芸・書道・華道のような趣味を継続できるサークル活動、生き物係・掃除係・締めの挨拶係など仕事の経験を生かせる役割の付与、その他、毎朝のお祈りができる場所、晩酌ができる週に一度の居酒屋コーナーなど、ちょっとした対応でその人らしい暮らしが継続できる。場合によっては、食事・入浴・就寝などの時間に柔軟に対応する必要も出てくるかもしれないが、その際にケアへの負担増が最小限ですむような空間構成になっているとよい。

②その人らしさの表現

高齢者は、特に認知症があると、環境の変化に敏感であると同時に、新しいものごとへの判断や順応が難しくなる。そのようなとき、パーソナライゼーションといって、個室内やベッドまわりにその人が慣れ親しんだ物を持ち込み並べることで、環境が変わったショックを和らげ、自分の居場所として愛着を感じるように促すことができる。家にあった家具・お気に入りの服・愛用の万年筆・家族の写真・好きな芸能人のポスターなど、思い出のある物に囲まれて過ごすことで、回想法的に人生を振り返り、よかったと肯定できるようになる（図2.13）。

③家庭的な環境づくり

それまでの生活とかけ離れた環境では、ゆっくり過ごしたり、活動を楽しむことは難しい。親しみやすく、快適な環境であるためには、温かみのある素材の家具、陰影をつくり出す暖かな色とデザインの照明、ヒューマンスケールに分割された領域、デザイン密度の高さなどが有効である。これらによって、自分の家そのものではないが、家庭らしい環境に近づけることができる。

④地域との繋がり

住む場所は変わっても、以前の人間関係を継続させることは心の安定に繋がる。コミュニティカフェ等を設けて外の人々を積極的に施設内に呼び込む（p.35図2.29）、面会に来た友人をもてなす、商店街への買物、地域の行事への参加、定期的に以前の家に帰る、地元地区で日中を過ごす逆デイサービスなど、地域との繋がりは高齢者と施設にとって財産である。

❾ 目標の実現・自己選択を支援する

要介護高齢者はできることが限られてきているために、好き勝手に行動することは難しく、マズローの言う「自己実現欲求」を満たすには程遠い状況である。それでも、「元気になって墓参りに出掛けたい」などの目標があって小さな自己実現を重ねることができれば、意欲をもってリハビリや日々の生活に取り組めるに違いない。また、施設では種々のルールに従って暮らさざるを得ないが、そんな環境のなかでも、様々な場面で選択の余地があり、自分の意思で選ぶことができるならば、少しは自由を感じることができるだろう。

①入居者への柔軟な対応

高齢者の希望が一人ひとり異なるのは当然である。その人の希望を実現することをケアプランの目標に掲げれば、職員共通の取組みとなり、高齢者本人の生活も張り合いのあるものとなる。場合によっては、施設のルールを外れるようなことでも柔軟に対応できるとよい。

②空間や居場所の選択

気分に合わせて好きな場所で過ごすことができるように、多様な空間の選択肢を用意する。ユニット外や屋外空間も含めて、その往き来を制限しなくてすむように見守りが可能な空間構成になっていることが望ましい。

また、同じユニットの共同生活室でも、空間が分節され、椅子や机の形状が異なっていたり、畳の居間で寝転んだり、思い思いに過ごせると居心地がよい（図2.14）。

図2.12 車椅子でも洗濯物干しができる工夫（富士見台特養・東京都）

図2.13 その人らしさのにじみ出た空間（関町特養・東京都）

図2.14 思い思いに過ごせる多様性のある共同生活室（きのこ老健・前掲）

2.2 敷地・規模計画

❶ 敷地

以前の高齢者福祉施設というと、人里離れた場所に隔離されるようにつくられることも多かった。市町村によっては、そのような場所を福祉ゾーンと設定して、各種福祉施設を集中的に立地させる場合もあった。ただ、ノーマライゼーションの考え方からいうと、それまで暮らしてきた家に住み続けながら必要な医療・介護サービスを受けること、居を移す場合でも住み慣れた地域コミュニティを離れずにすむことが望ましい。したがって高齢者施設は、入居型・通所型にかかわらず、小規模でまちや集落のなかに溶け込むような立地が理想的である。そのため、最近では既存の古い家屋や商店などの転用も増えている。

また特に入居型施設では、要介護度が高く自由に外出できない利用者に配慮して、地域のシンボル的な景色や、学校・こども施設・駅・商業施設に隣接するなど人々の活動する姿がよく見える場所が望ましい。また、容易に避難できない人々を預かる施設なので、防災の観点からは危険の少ない場所が安心である。地震による倒壊や液状化、土砂災害、津波・高潮・河川氾濫等による浸水などの危険性についての十分な検討が必要である。

他方、高齢者施設は利用対象者以外にとっても、将来に対する安心感を与えたり、地域の交流の核となり得る施設であり、さらに災害時には避難拠点としての役割も担うことが期待されている。敷地を選定する場合にはこの公共性の視点も考慮すべきであろう。

建築基準法や都市計画法では、用途地域ごとに建築可能な建築物の用途や規模が定められている（表2.1）。高齢者施設は工業専用地域では建築不可能、または住居専用地域では制限があることに留意する。

❷ 施設規模

施設規模を考える場合は、まず事業所の種類と利用定員が重要になる。都道府県が作成する各事業所の設置基準または補助基準によって所要室や各室の最低面積が定められている一方で、多大な収益が望める施設ではないので過剰に大きくなることも少なく、自ずから利用者一人当たりの面積は一定の範囲内に収まる傾向が強い。

入居型施設の延床面積は、入居者一人当たり30〜50m^{2}程度で、利用者の生活環境に対する考え方の充実に従って年代を経るごとに大きくなる傾向にある。ただし、ユニット化が基本なので、大規模化しても面積効率はそれほど向上しない。

❸ 施設配置

施設配置に際しては、サービス動線の分離、来訪者の入りやすいアプローチ、認知症の利用者が誤って敷地外に出ていかないセキュリティ、非常時の避難の4点が重要である。

①屋外空間

利用者が自由に外出できない状況を考えると、施設の設置要件にはなっていないものの、安全で気軽に使える屋外空間を確保することは重要である。特に、自動車動線と分離して歩行の安全を確保すること、認知症の利用者が誤って施設外に出ていかないようにすることへの留意が必要である。中庭や途中階の屋上の活用も有効である。

一方、地域との交流を活発にするためには、施設玄関までのアプローチも重要である。誰もが入って来やすい門やエントランスの構え、面会者やボランティアのための駐車場・駐輪場の確保、地域の人も気軽に立ち寄れる喫茶室や多目的なスペースの存在などが効果的である。

②階数

避難を考慮すると接地階から何層も離れるのは合理的ではなく、一般的には2階程度、大規模施設でも3階程度までだが、都市部では5階にある施設も見られる。

表2.1　用途地域による建築物の用途制限　　　　　　　●は一部制限あり

建築物の用途＼用途地域	第1種・第2種低層住居専用地域	第1種・第2種中高層住居専用地域	第1種・第2種・準住居地域	近隣商業地域	商業地域	準工業地域	工業地域	工業専用地域
幼稚園・小・中・高校	○	○	○	○	○	○	×	×
保育所	○	○	○	○	○	○	○	○
老人ホーム・身体障害者福祉ホーム等	○	○	○	○	○	○	○	×
老人福祉センター・児童厚生施設等	●	○	○	○	○	○	○	×
住宅・共同住宅・図書館	●	●	○	○	○	○	○	×
大学・各種学校・病院	×	○	○	○	○	○	×	×

2.3　構造計画

高齢者施設は、自律的に迅速な避難をすることが困難な利用者を預かる施設であり、かつ地域に対して公共性を有する建物であるため、原則的には建築基準法上では「特殊建築物（児童福祉施設等）」、消防法では「特定防火対象物」とみなされ、厳しい基準が課せられる。それらの基準を守るのは当然のこととして、加えて配慮すべき事項を中心に記す。

❶ 構造形式

前述の高齢者施設の特性を考慮し、設計強度を通常より割増しして設計することも考えられる。構造形式としては、耐火性があり、重量があって竜巻等による倒壊の可能性が低く、防音防振に優れるRC造が適している。住宅に近い生活環境ということで、大空間が要求されることも少なく、経済スパンでの計画が可能である。ただし、内部の使い方が時代によって変わる可能性があるため、RCの耐震壁は最小限にして、コンクリートブロックや軽量鉄骨等による間仕切り壁を用いるほうが、フレキシビリティが高く、持続可能性の高い建物といえる。

また、通所型施設などで運動やイベント用のスペースとして無柱の大空間が求められる場合は、S造・SRC造も考えられる。一方で、既存家屋の利用や地元の林業資源の活用などの理由で、木造を選択する場合も増えている。木造の場合は、耐火建築物とは認められないため、防火関連の規定がさらに厳しくなるが、木の持つ温かみや親和性は高齢者の生活環境としては魅力的である。

❷ 防火・避難にかかわる構造

特に重度の利用者が入居する特養と老健などに関しては、建築基準法の規定以上の設置基準がある。例えば、3階以上に居室を設ける場合は、特別避難階段＋内装制限（不燃材料）＋各階区画が必要になる。

避難においては、消防署との協議のなかで二方向避難、特にバルコニー等への屋外避難が、強く求められる。ただし、実際にはバルコニー等に出られても手助けがなければ、階段を降りることも難しく、ましてや使ったことのない避難器具を使って地上に降りることは期待できない。そこで、屋上テラスなどの広い場所に一時避難できれば、地上に避難するのに時間がかかり多数の高齢者が待つ状況が起こっても、一時的な安全を確保しやすい。

木質系の内装は、利用者の居心地をよくする印象の柔らかい素材であり、居住施設の環境としては望ましい材料であるが、防火性能に劣るのが難点である。ただし、内装制限を受ける場合でも、回り縁・長押・付け柱・建具枠・窓台等の線状の部材については対象外であり、床面と居室の床からの高さ1.2m以下の腰壁部分は対象外のため、この部分を木質化することで温かい雰囲気をつくることが可能である。

【コラム⑤】
既存建物の福祉転用

空き家の活用の意義もあり、既存建物の高齢者施設への転用の事例が少しずつ増えてきている。ただし、従前の用途や規模・建設年代によって建築基準法や消防法等で定められた基準が異なり、転用によって基準が厳しくなる場合がほとんどなので、法適合には十分な注意が必要である。都道府県等の自治体での独自の基準（安全条例など）も確認する必要がある。もし、確認申請が不要の場合でも、施主・設計者の責任で法適合が遵守されなければならないのはもちろんである。

■ **用途変更**

建築用途が変更される場合は、原則確認申請が必要である。規制の緩い業務系用途からの転用の場合、防火性能（構造・界壁・内装・排煙など）、避難性能（階段・廊下等）、採光性能などが厳しくなる。また建物の一部を転用する場合は複合用途となり、新たな区画や避難経路を設けなければならない場合もある。

その他、補助金を受けた建物や公営住宅などは、目的外使用が原則として認められていないので、転用が可能か検討する必要がある。

■ **耐震補強**

旧耐震基準（1981年6月より前）の建物の場合は、耐震診断を受けて、耐震補強の必要性を検討する（規模が大きければ義務）。耐震補強が必要な場合、耐震改修促進法による計画認定を受けると、建築基準法とは別ルートでの改修が可能になるが、同法は時限法なので、最新情報を確認する必要がある。

■ **バリアフリー関係**

既存建物の構造上、段差を解消する階段やスロープについて、バリアフリー法や関連条例で定められた構造が困難となる可能性がある。また、エレベーター新設の場合、建築確認はエレベーター部分のみの申請でも可能だが、既存建物の建築確認済証があることが前提となる。

■ **古材利用**

既存建物の転用ではないが、木造古民家の古材を再利用する場合、古材は建築材料としての性能が保証できないので、構造材として使うときは、材ごとにJAS同等品の認定を受ける必要がある。なお、内装材として利用する場合はその必要はない。

2.4　環境・設備計画

① 高齢者の身体的特徴に対応した温熱・空気環境

高齢期においては、加齢に伴う身体の自然な形態的、機能的変化の一端として、温熱光環境の変化への適応力や免疫、温調整力などの身体防衛力も低下する。このため、老人性低体温症や疲労、またその影響による体調不良に陥りやすく、その回復に時間がかかりさらに体力が低下するという悪循環にも陥りやすい。深刻な場合としては、ヒートショックによる心筋梗塞、脳梗塞、脳出血などで死に至る場合もある。このため、高齢者の生活施設での環境・設備計画においては、こうした身体の特徴に応じて、空気温の変化、諸室間の温度差といった負荷を低レベルにすることが基本となる（表2.2）。

特に冬期ヒートショックの危険が大きい浴室と脱衣所では高出力の暖房設備を入れ、仕上げにタイルや石ではなく、表面温度変化の少ない木を使う手法はよく用いられる。また、人が集まる場所でしばしば採用される床暖房やオイルヒーターは、風によるダストやウイルスの拡散や空気の乾燥を引き起こしにくく、じんわりとした暖かさが特徴である。他方で、居室や脱衣所でスポット暖房としてパネルヒーター・赤外線ヒーターを追加的に使用するなど、コストと出力、立ち上がり時間などの特徴に合わせた設備が選択される（表2.3）。

② 視力・聴力の変化に対応した音・光環境

高齢期には、運動能力など身体機能の低下、身長の短縮といった身体的変化に加えて、視力・聴力の低下が起こる。

①音環境

聴力については、全体的に低下するという症状だけでなく、フィルタリング機能（複数の音のなかからの必要な音の聞き分けや、不快音のシャットアウト）の低下も起こる。例えば、大きな音に過剰な反応をする場合がある、特定の音に不安を感じるなどがある。聴力変化については、可聴域や明瞭度の変化に個人差が大きいことが指摘されている。一方で、好ましい環境刺激もある。これらは施設の立地や入居者ごとの生活歴にもよるが、例えば、窓の外を行き交う人々の声などまちのざわめき、小鳥の鳴き声や風にゆれる木々の葉ずれ、雨音、時計の鐘の音などは、生活感や季節感を感じたり、時刻を知ったりする手がかりになる。これら、心地のよい音が聞こえる、適度に静けさのある音環境とするため、必要以上の生活音の伝搬や不要なフラッターエコーが生じないよう、室形状や室配置、吸音材の使用を検討する。目安として、騒音レベルの上位から5または10％の水準を表示するL_5、L_{10}を用いた騒音評価が提言されている。

②光環境

人間が周囲の環境から情報を取得する五感のうち、視覚は、全体の8割を占めると言われる。高齢期には一般に視力が低下するが、具体的には瞳孔による光量調節能力や毛様筋による焦点調節能力の低下、水晶体の透過率の低下が起こり、照度の不足感やグレア（光が散乱し、ものがぼやけて見えない）感の増加などが起こる。こうした高齢期の生理的変化への対応等も含めて、光環境には様々な側面がある（図2.15）。このうち、例えば機能的側面としては高齢者が細かい視作業をする場合には、若年者の場合の1.5～4.0倍ほども高い照度が必要とされているが、実際の照度基準では、経済性等に配慮して、1.5～2.0倍の照度が推奨されている。また、光源が直接目に入る、輝度比が大きい環境はグレアを強く生

表2.2　室内熱環境を向上させるための基本的な手法

断熱化	壁・床・天井の断熱化 窓ガラスの複層化 玄関扉の断熱化 断熱雨戸の設置 絨毯の設置 カーテンの利用
気密化	気密層の設置 気密サッシ・気密ドアの導入 玄関の二重化 風除室の設置 自然換気から機械換気へ
日射利用	窓面積の適切な大きさ 窓の適正な配置 蓄熱の利用
通風の確保	窓の適正な配置
日射遮蔽	庇・ブラインドの設置 樹木の利用

表2.3　ヒーターの種類ごとの特徴

	長所	短所
オイルヒーター	・放射熱と輻射熱で、部屋全体を暖められる ・高気密の室では暖房効率が高い ・運転音が少ない ・風による空気汚染がない ・空気が乾燥しにくい	・部屋が暖まり始めるまでにやや時間がかかる ・広い部屋での暖房効率を上げるには大型のタイプか、複数台が必要
パネルヒーター	・輻射熱を利用する ・立ち上がり時間が比較的短い ・低温のため、本体に触れてしまってもやけどしにくい ・風による空気汚染がない	・部屋全体を暖めるには不向き ・広い部屋では設置場所によっては室内の温度分布に差が生じる

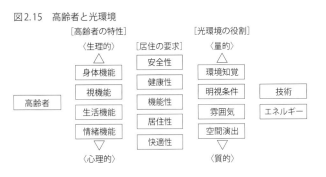

図2.15　高齢者と光環境

じること、明順応・暗順応時間が長くなることから生活動線上に照度の大きな差がある環境では危険が生じうることなどにも配慮が必要である。さらに、高齢者の生活施設には寝たきりの入居者もいることから、天井に直接照明の光源を置く場合にはその刺激が不快にならないように、ベッド配置想定位置などとの関係にも十分配慮する。

❸ 個別性への対応

以上のような高齢期の身体的特徴には、個人差も大きい。また、生体リズムの変化によって、覚醒パターンにも個人差が生じ、日中もうつらうつらして過ごす多相性睡眠パターンを生じる人も多い。このような個別性への対応や、p.29で述べられた入居者の生活歴や嗜好への対応の観点からも、居室の温熱・空気環境や光・音環境は個別にコントロールできるようにする。

光環境の面では、窓のカーテンの開け閉めを個別にできるようにするほか、調光の個別コントロールを可能にする。一室に1つの照明器具の場合には、上記のような配慮事項への対応が難しく、貧しい光環境となりがちであるため、例えば活動内容に応じてスポットライトを用意するなど、必要位置に補助照明器具を配置することが望ましい。関連して、ベッドサイドや、デスクボードが置かれる箇所を想定してコンセントを設ける配慮も必要である。また、夜間の照度や照度差を利用者・介護者のニーズに応じて設定・調整できるよう、廊下の照明に調光や個別にオン・オフが可能な回路を設ける。特に段差のある場所では、影ができないように光源を設置するなどの配慮が必要である（図2.16）。

温熱・空気環境としては、まず窓の開閉を個別にできることが基本である。また、コスト面やメンテナンス性の観点からも、居室に個別空調を設けることが多い。この場合、各居室に室外機が必要になることから、その置き場や周囲からの景観にも配慮する。

❹ 安全のための設備

2.1のように、高齢者の生活施設ではノーマライゼーションや個別ケアの重要性が増しており、個室化が進んでいる。このとき、介護職員からみると特に夜間の見守りに課題が生じることがある。例えば、自力歩行が困難な認知症の高齢者が（自分の歩行能力を認識せず）夜中に便所に起き出して転倒するリスクがある、といった状況が想定される。しかし、生活の場であるので当然ながら抑制やカメラなどでの「監視」はすべきではない。そこで近年では、ベッドに設置し離床を感知して無線で知らせるセンサー、ベッド下の床に設置してそこを踏むと音で知らせる装置などが多数開発されており、安全・事故防止とプライバシーの尊重の両立が図られている。

ほかにも地震・火災等災害時への備えとして、自動火災報知機、非常口表示、スプリンクラーなど、消防法と施設設置基準に従って整備すべき機器がある。ただし、特に環境認知や新しい環境への適応力に困難を有する認知症高齢者にとっては、「自宅」にはないものが存在することで混乱を生じることもあるため、いざというときには目立つが、普段は目立ちすぎない配慮が必要とされ、このようなニーズに対応する製品も開発されている（図2.17）。安全に関する建築設備の設置については、安全と生活の場らしさの両立への配慮が欠かせない。

❺ 移動や介護の介助のための設備

介護者の身体的負担への配慮も近年の介護施設では重要な課題である。移動や移乗、入浴介助などの際の被介護者の安心や安全にも繋がるよう、介助リフトが用いられることがある。介助リフトには、レールを天井に敷設する天井走行型、床固定型、リフト台自体を移動させる床走行型がある。天井走行型の場合は、建築への影響が大きいため、事前に利用と運用を確認する必要がある。また、階段昇降機の普及等によって、民家の改修による高齢者施設としての利用などもしやすくなっている。

介護を受けながら生活するための設備としては、介護の際に高齢者が自分でつかまって姿勢を維持しやすい足もとの空間がある洗面台や調理台などがあり、これらを利用した水まわりの選定やカスタマイズを行う。

図2.16 影を生じさせない照明

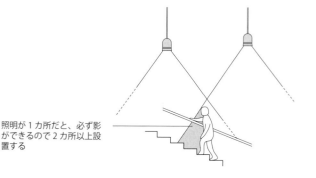

照明が1カ所だと、必ず影ができるので2カ所以上設置する

図2.17 リング型表示灯付発信機

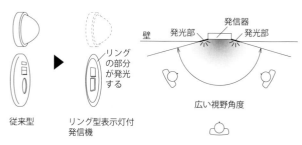

表示灯の突出しをなくしたことにより、衝突による怪我や破損を解消

リング型の表示灯に傾斜を付けることにより、横方向からの視認性も確保

2.5 施設全体の空間構成

❶ 入居型施設と通所型施設の違い

入居型施設と通所型施設では、利用者が介護を受けながら生活行為を行うという点で共通しており、必要な機能には基本的に差異はない。ただし、利用者の滞在時間や利用者像には差があり、入居型施設ではその場が生活の主たる場となることから、より家庭的な雰囲気が感じられることが望ましい。一方、要介護度・認知症の程度は一般に入居型施設のほうが重く、車椅子・入浴介助機器などの介護用品も「重装備」になりがちであることは相反する要件となり得る。通所型施設でも家庭的な雰囲気が推奨されるが、なじみやすさを守りつつも利用者の自宅とはまた異なった雰囲気を演出することで、生活全体のメリハリを大切にする場合もある。ほかに、入居型施設と通所型施設では利用人数にも差異がある。

❷ 入居型施設のユニット構成

①介護単位と生活単位

入居型施設の計画の際には、適切な規模の生活単位を設定することが求められる。生活単位とは、個々の高齢者の日常的な生活領域で、食事をともにするなど日常的にかかわることが想定される高齢者の集団である。特別養護老人ホーム、介護老人保健施設では10人程度、またグループホームでは9人までといった基準が設けられている。この生活単位ごとの生活領域を「ユニット」と呼び、「ユニット型」とは、基準に基づいた生活単位ごとに生活がある程度完結するように必要な設備が整えられた形態のことである。入居型施設の規模は様々で、グループホームのように1～2ユニットで運営される施設も、3以上の複数のユニットで運営される施設もある。一般に、介護スタッフの配置の面から偶数ユニットが経営上有利であるとされている。介護スタッフが動く範囲は、スタッフのシフトを組む単位である「介護単位」の生活領域とほぼ一致する。高齢者とスタッフが互いになじみの関係を形成するには、生活単位と介護単位が一致しているほうがよい（図2.18）。介護単位と生活単位が一致している場合、高齢者はいつも見知ったスタッフに介護を受けられる。逆に、介護単位と生活単位が一致しないと、日によって異なるスタッフから介護を受けたり、より多くのスタッフの介護を受けることになるため、関係の構築が困難になりがちである。

②ユニット内の空間構成

ユニットのなかには、入居者の居室（原則個室）、食堂・居間、複数の便所と洗面所、浴室、台所などが設けられ、その概念的な構成は図2.19のようになる。

ユニット内では、スタッフからの見守り・介助が常態的に行われる必要があるため、スタッフからの自然な見守りやすさや安全の確保に配慮する。また、異なる生活歴や好み、障害をもった他者が共同生活を営むことから、他者との距離感に選択肢があること、多様な空間が段階的に設けられていることが望ましい。ユニット内の共用空間の規模が適切な大きさであることは、家庭らしさやなじみの点から大切である。大きすぎる空間では落ち着きにくく、よりどころを見つけにくい。

例えば空間構成が異なる民家改修型グループホームでの入居者の1日の滞在場所を比較すると、スタッフやほかの入居者がいる「主たる滞在場所（多くが食事の場所）」が1つしかない施設では、小さな滞在場所があっても、入居者は主たる滞在場所と居室にしか滞在しない（図2.20）。一方、主たる滞在場所が複数の場合、入居者は共用空間の複数の場所に滞在することができる。入居者によっては、食事の場所と、くつろぐ場所を変えることで生活にメリハリをつけたり、ほかの入居者との距離感を調節することもできる。前者は、特に全体規模が少人数の場合にホーム全体での一体感をもちやすく、後者は、より入居者個々人や少人数での生活ペースを保ちやすい構成だといえる。

③複数のユニットをもつ施設の空間構成

複数のユニットをどのように関係づけて組み立てていくかには、多様な計画例がある（図2.21）。個々のユニットが生活と運営の両面で独立し、閉じた施設では、

図2.18 介護単位と生活単位

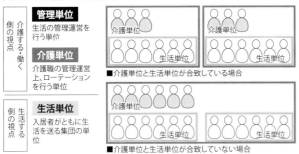

図2.19 ユニット内での空間構成

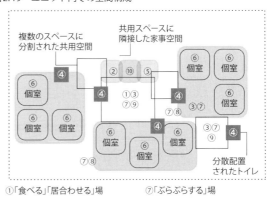

①「食べる」「居合わせる」場
②「調理する」「家事をする」場
③「くつろぐ」「一人になる」場
④「排泄する」場
⑤「入浴する」「整容する」場
⑥「寝る」「くつろぐ」場所としての個室
⑦「ぶらぶらする」場
⑧安全な外部環境
⑨訪問者のための場
⑩介護・看護スタッフが「休憩する」「作業をする」場

特に介護度が重度の入居者にとってはユニット内での生活が安定する反面、ユニットを超えた交流が起きにくく、軽度の入居者にとっては人間関係が硬直化し、閉塞感を生じる可能性もあるため、ユニット外の共用空間をつくるなどの配慮をする。また近年では、入居者の重度化に伴って入居者の活動性が低下しがちであることから、人間関係がより硬直化してしまう懸念もあり、ユニット同士の関連性を高める空間構成が意図的に選択されることもある（図2.22）。

複数のユニットをもつ施設では一般に、交流の場やユニット外の居場所となる共用空間をもちながら生活・介護単位が段階的に集まって、全体をなす連続的な空間構成とすると、高齢者の生活に各ユニットへの帰属感が生まれ、かつ外部やほかのユニットへの広がりをもてると

言われている（図2.23）。また、施設全体の共用空間としての広い玄関や玄関ホール、長い廊下は、施設全体の印象が住宅のスケール感を逸脱しがちになるので、入居者の落着きやなじみやすさの観点からスケールに留意する。

食事、入浴、洗濯など基本的な生活行為はユニット内で完結するように計画することが推奨されるものの、機械浴槽（座位式、臥位式）などの利用頻度が低い設備は、複数ユニットで共用する場合がある。一般に夜勤は2ユニットに1人のスタッフとなるため、スタッフの滞在場所・作業拠点（スタッフステーション）を2ユニットの間に設ける事例などもある。運営面を考慮し、生活者と介護者の両者の視点から、適切なユニット間の連携のあり方を空間化する必要がある。

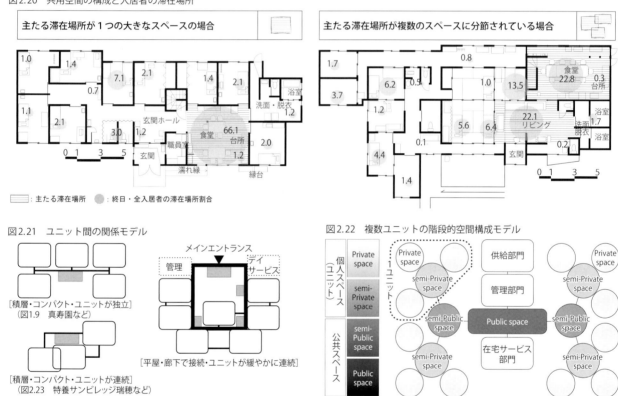

図2.20　共用空間の構成と入居者の滞在場所

図2.21　ユニット間の関係モデル

図2.22　複数ユニットの階段的空間構成モデル

図2.23　ユニット間の連携を高めた空間構成モデル（左：特養サンビレッジ瑞穂・岐阜県、右：GHもやいの家瑞穂・岐阜県/大建met）

❸ 通所型施設の空間構成

①配置、地域との繋がり

　特別養護老人ホームや老人保健施設などの中〜大規模な入居型施設との併設、あるいは単独のいずれの場合でも、高齢者通所施設は車での送迎を伴う日常的な出入りがある。そのことを念頭におき、雨の日でも濡れずに車の乗り降りができる、複数人が同時に靴の脱ぎ履きができるなど、アプローチ空間に留意する。また、利用者のなじみやすさや地域との関係などに配慮し、併設型であっても独立した玄関を設け、小規模で地域に開放された雰囲気を演出する（図2.24〜2.25）。

②多様性を保障する空間の規模と構成

　通所型施設の利用定員は、1日当たり15〜30人程度と施設種別や事例によって開きがある。活動の人数規模も、1人や2〜3人、ゲームなどは複数人でといった形態がある。活動の内容も、ものづくりや料理、書画などの趣味活動や読書などいろいろである。こうした多様な場面が利用者の希望に応じて複数の場所で同時に展開する。利用者の生活歴や嗜好、要支援・要介護の程度や認知症の程度などには差異があり、多様な人々が居合わせ

図2.24　併設型デイサービスの独立した雰囲気の玄関（特養せんねん村・愛知県）

図2.25　古民家を改修して宅老所とした事例の玄関外観（宅老所いいせ新宅・長野県）

【コラム⑥】

多床室ユニットの可能性

　現在のユニットケアは、個室化を進めるために、個室の欠点を補う手段として用いられている。これは、介護保険のユニットケア加算が、全室個室でないと受けられないことからもわかる。一方12床を1単位とした準ユニットケア加算という制度もあるが、これも従来型4床室を準個室に改修することを誘導している。

　実は、個室化とは切り離して、多床室のままユニット化しても、ユニットケアの長所は現れる。ユニットケアと共同生活室の好例としてよく知られている「きのこ介護老人保健施設」は共同生活室を仕切って、多床室のままユニットケアに移行した施設である。

　筆者も「特養マザアス東久留米」にて、同様に多床室のままユニット化改修を行った。それまで、同一フロア45人用の大食堂と3つの小さな談話コーナーという構成だったが、談話コーナー近傍の居室を大食堂に移すことで、3つの共同生活室をつくり出し、14〜17人のユニットケアを実践した。

　ユニットケア移行後は、介護職員が名前で呼ばれる、それまでコールがなかった人からコールが入るようになる、客が共同生活室に入ると「いらっしゃい」と声を掛けられる、客人にお茶を振る舞おうとする利用者も現れるなど、介護職員が驚くような変化が現れた。このように多床室のままのユニットケアもまた、有効な手段であることがわかる。

　準ユニットも多床室ユニットも実践事例はごく少数しかないが、4床室を3〜4室に1つ大食堂に移設して、あいた場所を共同生活室にするという簡易な改修で実現できるので、従来型施設の魅力アップには有効な手段である。また、個室ユニット型での設備が原則である特養だが、都道府県への認可権限移譲後、高齢者の経済的な問題から新設の特養にも4床室の従来型が復活してきている。この状況をみると、新設4床室でもユニット型を採用することで施設の生活環境が後退することへの歯止めになるのではないかと思われる。

きのこ老健（岡山県／剱持建築設計事務所）のユニット（2階西ウイング）

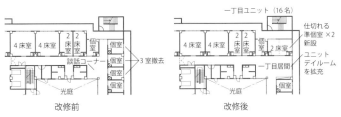

特養マザアス東久留米（東京都／改修・古賀誉章＋スタジオユーティー）のユニット（2階一丁目）

ていることに配慮することが必要である。多様な活動が併存できるよう、趣味活動の場はコーナーを設ける、小～中規模の机を分散配置する、活動の種別に対応した室を設けるなど配慮する。また、他者との距離感が選択できるよう、大きさの異なる複数の家具や滞在場所を設置する。このとき、家庭にいるのと同じような姿勢をとれる家具を選定することが望ましい。スタッフによる見守りや活動の展開の面では一体的な空間構成が有利だが、個々の活動のための場のつくり込みや、利用者それぞれの活動への取組みを支援するには、分割された空間構成が有利である。午睡や食事などの生活場面における滞在場所や利用者の集団規模の選択性、認知症の程度への配慮などの観点からも、滞在空間が複数あることは重要である（図2.26）。

③基本的な空間構成

もっぱら日中に利用される通所型施設の空間構成は、上述した多様な空間を内包する、または連続する小空間としてのデイスペースを中心的な活動場所とし、その空間に関連づけられた諸空間として整理できる（図2.27）。デイスペースまたはその一部が午睡などの場、静養室として使われる場合もある。

また、通所と宿泊の機能をもつ小規模多機能型居宅介護事業所やお泊まりデイサービスなどの施設の場合、宿泊者と日帰りの利用者が混在し、1日の間に利用者数が変動する。これは入居型施設や通所のみの機能をもつ施設との大きな相違であり、入居型施設に比べて個室（宿泊室）数に対する日中の活動場所の面積が広い。そうした場所を夜間、利用者数が少ないときに使うと（図2.28左の例では、夜間宿泊の最大人数は5人）、密度が低すぎて落ち着かない空間となる。利用者人数に対して空間が過密にもまばらにもならないよう、使わないスペースを仕切れる建具や、昼夜のリビングを分けるなど工夫をする（図2.28右）。一方、敷地面積や改修利用する建物のもともとのつくりなどの関係で、日中の活動場所と宿泊室を、上下階に分離積層したり、別棟にしたり、やや距離のある配置で計画される場合もある。こうした場合には、日中の滞在場所と夜間ないし個別での滞在場面が分離しメリハリのある生活空間となる利点がある一方、日中の活動場所と宿泊室に利用者が分散して滞在する時間帯が日中に生じる可能性があることから、スタッフからの見守りがしにくくなることに留意する。

図2.26 連続する小空間で様々な活動が併存する（宅老所いいせ新宅・長野県／民家改修型）

タオルたたみ、午睡、新聞読み、アルコーブ状の空間で思い思いにくつろぐなど、利用者それぞれのペースで生活が展開している。また、それぞれの居場所や役割を見いだせるような空間・場づくりがされている。

図2.27 通所型高齢者施設（日中）の空間構成モデル

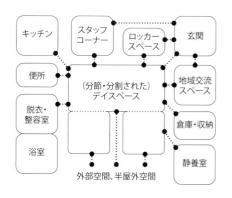

図2.28 小規模多機能型居宅介護事業所の平面例

昼はリビングを含めて大きく使い、夜間は和室を中心に小さく集う例

2.6 各室の計画

❶ 入る・出る―アプローチの計画

通所型施設の場合、送迎を伴う出入りが日常であることから、雨でも濡れずにアプローチできる、地域とのかかわりやすさの観点から開かれた雰囲気とするなどの配慮をする。一軒家を改修している場合などは、地域になじんだ外観を守ることが地域とのかかわりに繋がるという考えから、外観に大きな看板を掲げたり車寄せの庇を新設したりせず、ごく普通の家の雰囲気を大切にする場合もある（前節参照）。

入居型施設の場合、施設全体の玄関については地域とのかかわりやすさに配慮して、アプローチ空間を設ける。地域の人が自由に利用できる地域交流スペースを設け、施設入居者と地域の自然な交流の場や、入居者を訪ねてきた家族と入居者がくつろいで利用する場所としている事例も多い（図2.29）。さらに、各ユニットへのアプローチとユニットの玄関まわりについても、パブリックな空間からプライベートな生活の場への段階的な構成が感じられるようにしつらえる（図2.30）。

❷ 食べる―ダイニング空間の計画

食事は、入居者が共用空間に滞在する主要なきっかけであり、食事の場は他者との交流や知り合う機会となる。移動には車椅子を使う利用者でも、普通の椅子に座り、できる限り自分で食べることで座位や摂食の能力が保持される。楽しい食事場面を演出し、日々の生活の潤いを感じられるよう、無機質な部屋でなく、家庭的な雰囲気のなかで、ほかの利用者やスタッフと会話をしつつ、ゆったりとした気持ちで食事ができるよう、場所の確保や家具などのしつらえを行う。このとき、相性の悪い入居者の席を離したり、個人のペースで滞在できるよう、いくつかの分割された小スペースを設けるとよい（図2.31）。また、食事の席は共用空間での各入居者の主な滞在場所となる。特に入居者の要介護度が高い場合には、食事の席で日中の多くの時間を過ごすことが多い。こうした場所には、人や物、生き物、風景などの環境要素を配すると、滞在に意味が生まれ、また滞在のきっかけともなり有効である。

❸ くつろぐ、つくる―リビング空間の計画

手芸、絵画、工作、書道、カラオケ、果実酒づくりなど、個人の趣味活動や、時には季節を取り入れた集団での活動を行う施設も多い。かつてはレクリエーションゲームなど利用者一斉での活動が主であったが、近年では同じ日に複数の活動を設ける、曜日によって活動を変

図2.29 特別養護老人ホームの地域交流スペースの例。左奥は入居者も利用するラウンジ的空間、右手前は地域の人も自由に利用できるカフェスペース（特養八街新棟・千葉県）

図2.30 ユニット入口の例。各ユニットが玄関を持ち、それぞれのスタッフがしつらえている。各ユニットの玄関にはポストが置かれており、ユニット≒家の演出をしている（きのこ老健・岡山県）

図2.31 分散した食事場所の例（GHさんさん・山形県／民家改修型）

食事場所の分散、複数の滞在可能場所の設置
入居者Aさんの機嫌が悪く、ほかの入居者とのトラブルが懸念されたため、Aさんはいつも食事する食堂（①）や広縁（②）から離れて、居室（③）で食事をしている様子。それぞれの場所の規模は1〜6名で、ペースや気の合う入居者同士で過ごせ、他者との距離を調整できる。このように複数の滞在場所を用意することで、入居者同士が相性や時々の状況に応じた適切な距離感で、それぞれの生活リズムを守ることができる

えるなど、個人の趣味に合う活動に参加できるような形態が増えている。こうした趣味活動は、固定的な場としてつくり込まれた場で行う場合と、食堂等と兼用の場所に道具をその都度出して活動する場合がある。

一方で、高齢者のなかには、集団活動や、積極的な趣味活動を好まない人もいるために、自分らしい生活の場として、ゆったりとくつろいで過ごせる場を設ける。こうした場では、外の風景や職員が働く様子が見える、横になれるなど、その場所に「居る」理由があると、滞在が安定する。生活の場としての雰囲気づくりとしては、スケールを落とし、利用者になじみのある生活空間にするため、柱、梁、障子、ふすま、畳、ソファや自宅にあるような椅子、クッションやカーテン、のれんなどのファブリック、照明器具などを利用することが望ましい。

❹ 調理する―キッチンの計画

食事の調理、後片付けは、利用者とスタッフの交流の機会であるとともに、利用者が自分の「できること」を生かし、生きがいや自己肯定感を感じることのできる絶好の機会である。また、食事が用意されている様子を眺めたり、その音やにおいを楽しむことは日々の潤いの一つであり、食欲を増進させ気持ちを高揚させる装置でもある。キッチンの計画では、主にスタッフが準備や片付けをするクローズドな計画から、なるべく利用者を巻き込んで活動の一環にしていくためのオープンな計画まで様々な事例がある。施設の理念や、利用者の要介護度等により参加がどの程度見込めるかなど多様な視点から検討し、個々の事例に応じた適切な計画を選定する（図2.32）。一般の住宅と同様に、調理中の油や水の跳ねなど衛生面での配慮も必要である。

❺ 働く―家事スペースの計画

高齢者施設では調理のほかに、掃除や洗濯物干し、洗濯物畳みなどの家事も介護や生活の主体性の獲得にかかわる活動の一環として行われる。そのための場としてしばしば、ちょっとした腰掛けになる小上がりの空間が設けられる。こうした場所は、スタッフが書き物をする場所ともなり、フレキシブルに使えるリビングスペースの一部のような位置づけを得ることもある。図2.33は、グループホームのダイニングスペースとキッチンから、建具で仕切れるように設けられた小上がりのスペースで、入居者が少人数や一人で落ち着いて滞在できる場所としても使われている。

他方で、家事スペースは、近年の利用者の重度化に配慮して車椅子でも寄りつきやすいよう、床面をフラットにして屋外空間との連続性がより感じられる空間として計画されることも多い。

❻ 歩く・たたずむ―廊下の計画

動ける高齢者なら、一日中同じ場所に座っているのは、私たちと同様に耐えがたい。自力歩行や車椅子の自走ができない高齢者にとっても、ずっと同じ場所で同じ風景を見ているのは苦痛と感じることもある。そのため、建物内や建物の外に、散歩やぶらぶら歩きに対応し

図2.32 様々なキッチンと、ダイニングスペースの関係のつくり方

アイランド型の調理台。大人数での調理がしやすく、入居者も手伝いやすい。隣接して置かれたテーブルも作業台に使うことができる（きのこ老健・岡山県）

カウンター方式の場合、調理をしながら食卓に座っている人に話しかけるシーンをつくれる。また、食事と後片付けがそれぞれのペースで同時に進行できる（GHはつね・京都府）

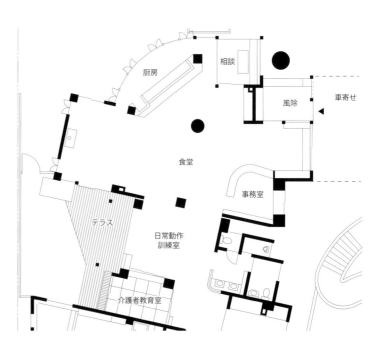

オープンなカウンター式のキッチンを設けたデイサービスセンターの例。利用者はスタッフが調理する様子を眺めながら日中活動や食事の準備などができる。スタッフからも見守りがしやすい（DSさんあい・愛知県／大久手計画工房）

た空間があるとよい。ほかのユニットに行き、いつもの生活グループとは異なる人々と接する機会や、異なる景色・事物を見ることも適度な刺激になる。必要な場合には、スタッフがこうした移動を介助することもある。また、ユニットの外に居場所をもつことで、人間関係や活動範囲が必要以上に狭くなることを防ぐ。ぶらぶらする場には、ルートとなる場所に眺めたり会話のきっかけとなる事物がしつらえられるとともに、ちょっとしたたまり場としての空間や、目的の場所となる空間があることが望ましい。そうした場所は、他者との交流の機会を増やし、休憩する場所にもなり、散策に意味を与える（図2.34）。

７ 運動する—リハビリスペース、機能訓練室

特に通所型施設では、身体機能の維持と回復を目的として、しばしばリハビリや軽度な運動の機会を設ける。ゲーム、パワーリハビリ、健康体操、ヨガストレッチなど種別は多様であり、それぞれ必要な器具や面積が異なることに留意する。この軽運動のスペースと、食事の場所、趣味活動の場所は、面積的な制限もあって兼用されることが多く、しばしばテーブルを片付けると広く使える場所などが計画される。しかし、体操などの活動を優先するあまりに無機質な部屋での食事場面にならないよう配慮する必要がある。活動の内容と求められるしつらえが異なることから、可能であれば、これらの場所は別々に設けることが望ましい。また、運動を一斉に行う場合にはどうしてもスペースの問題が生じやすくなるため、小グループごとに何回かに分けて実施するなど必要な場所のスケールを落としながら、複数のスペースを設けることも可能である。運営方法と併せて、高齢期の生活や活動のスペースとして適切な空間を計画する。

また、特別な活動がないことを好む高齢者もいる。動的な活動を行う施設の計画であっても、思い思いに集まり、利用者同士やスタッフとかかわりをもち、会話を楽しめるよう、集まりの規模や参加のしかたを選択できるよう滞在場所を計画することが、高齢者それぞれの満足度を高める。

８ 排泄する—便所の計画

認知症高齢者や初めての通所利用者であっても安心して使えるよう、便所のドアや入口まわりは、そこが便所であるとわかりやすく、利用者にとってなじみやすいものとする。便所のドアの意匠を、利用者の生活歴に合わせて計画する配慮もしばしばなされている（p.25図2.8）。目新しいデザインでは混乱や萎縮に繋がるため、家庭的雰囲気のデザインを心掛ける。利用者の排泄介助ができるよう、便所の面積には余裕をもたせる。図2.35の便所は特養の入居者個室内の便所で小さめだが、介助が必要な場合は、個室のドアを閉めて、便所のドアを開けたまま介助をすることができるようにつくられている。

９ 入浴する—浴室の計画

入居型施設のユニットには、図2.36のような家庭に近い個浴槽（高齢者一人ずつが利用する）が置かれることが一般的である。加えて、複数ユニットで機械浴槽を

図2.33　家事の場所の例（GHこもれびの家・前出）

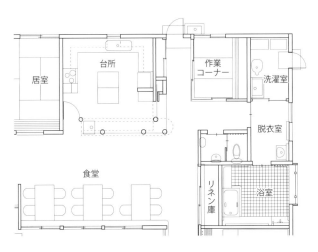

図2.34　廊下の計画例（清遊の家特養すずうらホーム・東京都／象設計集団）

ユニット間の廊下に造り付けられたちょっとした滞在場所で、集団から離れて思索にふける入居者。一人で居られる場所が、自分らしい過ごし方の拠点となっている

共有し、身体拘縮や介助者が複数必要になるなどで個浴槽での入浴が難しい利用者が使う。地域性などもあるが、通所型施設では、自宅と違う雰囲気で入浴できるからといった理由で中・大規模浴槽を好む人もいる。個浴槽と、複数人でも入れる中・大規模浴槽の両方を設けると、利用者が好みや状態に応じて選択できる。またスロープを設置すれば、座位が保持できる人なら入浴できる（図2.37）。

❿ 一人になる・寝る・くつろぐ—個室の計画

個室は、入居者の就寝の場や一人でくつろぐことができる場であり、気の合う数人でおしゃべりや趣味活動をすることもできる、入居者それぞれの生活の拠点として計画する。こうした生活の拠点は、生活への主体性や安心感をもたらす。個室には、長年使った家具や趣味の物品などをしつらえ、活動の場を可視化しその人らしさを演出する。通所型施設での宿泊室は、数日間～3カ月程度の期間の拠点となる。短期間なので、あまりその人らしいしつらえはなされないものの、生活の場としての潤いを感じられるよう、あらかじめ絵画を飾る（そのようなスペースを計画的に用意する）、照明器具を家庭的に演出するなどの配慮があるとよい。また、個室の入口にその人の持ち物を配すると、本人もほかの入居者も、誰の個室かがわかりやすい。宿泊室も同様に個々の部屋に特徴があると、利用者が自分の部屋を認識しやすい。また、各個室に至る空間構成を段階的に計画することで、個室の落着き感や、帰属感、愛着感を高めることができる。ほかに、スタッフからの見守りがしやすいよう、共用空間から照明が点いているかどうかなど個室の雰囲気がわかる明かり取りの障子窓を設けるなど工夫している例もある。

また、洗面、排泄など基本的でプライベートな生活行為が個室内で可能になるよう、居室内に便所と洗面台を設けることが推奨されている。図2.38は個室に洗面台と便所を設けた特別養護老人ホームの例で、個室を共用空間に面して配置することで、スタッフからの見守りのしやすさや個室と共用空間の繋がり、入居者の安心感を

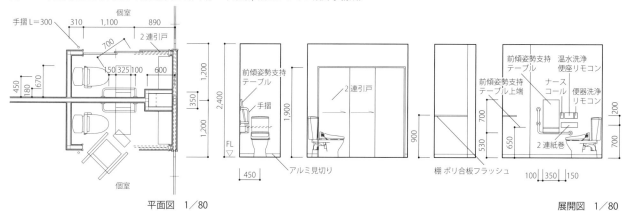

図2.35 入居者個室内の便所の計画例（DH作草部・千葉県／双立デザイン設計事務所）

介助者がいる場合
・図の位置で車椅子を留めて、高齢者を便器に移乗する
（前傾姿勢支持テーブルは上がっている状態）
・車椅子を移動させ、前傾姿勢支持テーブルを降ろし引戸を閉める
・用が済んだら、前傾姿勢支持テーブルに体重をかけ、便器のサイドから清拭する
・逆の手順で戻る

介助者がいない場合
・図の位置で車椅子を留めて、L型の手摺を掴んで自力で便器に移乗する
（前傾姿勢支持テーブルは上がっている状態）
・個室であるため車椅子は動かさず、引戸も閉めない
（前傾姿勢支持テーブルの使用は自由）
・用が済んだら、自力で移乗して戻る

図2.36 個浴槽（富士見台DS改修、東京都／古賀誉章）

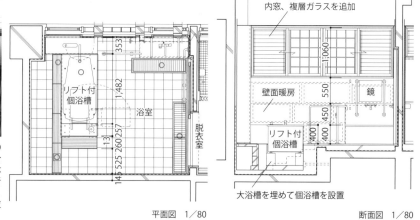

浴槽は左右どちらからでも介助ができる。そのため、左右どちらかに片麻痺があるような場合にでも対応しやすい。小規模な浴槽では、身体が浮くことなく湯につかることができ、利用者が安心する。浴槽の高さは腰掛け程度とし、座って跨ぐことができるように配慮する。脱衣室から手摺を伝って浴槽に行くことができる

高めている。便所と洗面台の空間を挟むため、そこが共用空間と個室のベッドスペースの緩衝空間ともなり、共用空間からの距離をとりやすい、やや落ち着いた個室となっている。

⓫ ぶらぶらする・働く・楽しむ―屋外空間の計画

戸外や半戸外での散歩や日光浴は、身体や季節の感覚を健やかに保ち、気分転換や生活のメリハリのきっかけになる。入居者はどうしても建物のなかで多くの時間を過ごしがちになるので、建物と外部環境との繋がりや、外部環境をいかに内部空間に取り込むかに注意を払うと、日々の生活に潤いが増す。また、スタッフが常に見守る必要がない安全な外部空間があると、入居者が自分たちのペースに応じて、散歩や家事などの活動を主体的に展開できる。

⓬ 訪ねる・かかわる―訪問者のための場

高齢者が活動や生活をする通所型施設や入居型施設は、建築空間や運営が外部に開かれており、高齢者が家族や友人、地域の人々とのかかわりのなかでこれまでの生活や人間関係を継続し、あるいは新たな繋がりを得られることが望ましい。来訪者が訪れやすい計画とするには、地域交流スペース（ラウンジやカフェ、サークル的活動スペースなど様々な提案がなされている）に外から入りやすい位置関係や視覚的関係があること、外部からの来訪者がほかの入居者への影響を気にすることなく高齢者と一緒に過ごせる場が用意されていることなどが有効である。ユニット内やユニット周辺では、セカンドリビングや、廊下にしつらえられた滞在空間などがそのような場となる。また、前出のように散歩できる外部空間なども一例である。また家族以外にも、地域の人にも開かれたカフェなどがあることで、地域との自然な関係をつくるきっかけとなり、施設や施設利用者が地域のなかでともに暮らす仕組みづくりの一環となっている。

図2.39の事例では、2階（2ユニットのグループホーム）と1階の面積差によって生じる深い庇下状空間が1階のデイサービス・地域交流スペースと一体的に活用されている。外構には地域の人を呼び込み、施設利用者を

図2.37　いろいろな浴槽（DSさんあい・愛知県／大久手計画工房）

スロープのついた浴槽は、入浴用の車椅子を使って入浴する。利用ニーズは高い

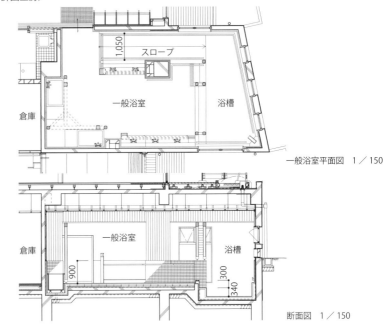

一般浴室平面図　1／150

断面図　1／150

図2.38　ユニット型特別養護老人ホームの計画例（特養八街新棟・千葉県／双立デザイン設計事務所）

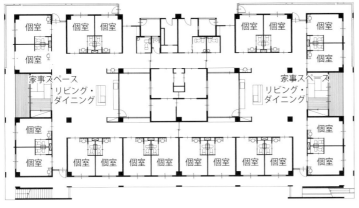

全室個室で、各個室に洗面台と便所が設けられている。便所は介助が必要な場合は個室のドアを閉め、便所のドアを開けて介護できるように計画し、その分、個室内の使える面積や通路幅を広くとっている。半数の個室がリビング・ダイニング空間に面するいわゆるホール型であるが、柱がつくる領域や、個室内の便所と洗面台のスペースがつくる領域が、個室のベッドスペースへの距離感を保てる要素として機能している

設計・計画　39

外部へ誘い出す仕掛けも置かれている。地域交流スペースでは地域の人を交えた様々な催しがあり、デイサービスとの境もないことから人々が自然に活動をともにする。地域の人々にとっては、開かれた施設であることでその施設の雰囲気や運営の理念に触れ、家族や自分がいずれ利用したいといった申し出に繋がることもある。

⓭ 介護・看護スタッフが「休憩する」「作業をする」場

専門家として介護・看護の業務に当たるスタッフには、精神的、肉体的なストレスがかかる。利用者にとっての家族的な雰囲気を演出するため、あえて職員の休憩スペースを独立させず、休憩時にも入居者と一緒にいるような運営をする施設もあるが、勤務時間中、常に気を抜けない状態では、疲労によるミスや、ストレスによる望ましくない心身反応も予期される。そのため、適宜利用者から離れて休憩をとれる空間があることが望ましい。また、プライバシーの保護などの観点から、ケアプランの話合いや書類作成など、スタッフだけで業務をする必要がある場面もある。介護・看護スタッフがゆったりと休憩したり、ケアプランの話合いなどをする場所は、ユニット数とその連続の形態に応じて、ユニット内に設けたり、複数のユニットで共有して設けることもある。特にユニットケアではユニットを越えた職員同士の関わりが薄くなりがちなので、日常的な助け合いや人間関係の煮詰まり防止のため、職員間のコミュニケーションを促すような空間構成を留意することが望ましい。

なお、日々の介護記録などの頻繁に発生するちょっとした作業は、入居者の滞在場所やその近傍で行うことで、スタッフが作業をしながら利用者を見守ることができ、利用者もスタッフの姿が見えて安心できるというメリットもある（p.23）。こうしたケースでは、スタッフの活動の拠点としてキッチンと繋がるかたちで、書類立てやテーブルなど必要な場所を確保することが多い。

＊1　本章2.1で提示する内容は、児玉・足立らによる「認知症高齢者への環境支援指針（PEAP日本版3）」をもとにして、「マズローの欲求の段階説」の視点から若干の修正を施したものである。

図2.39　グループホームのデイサービス（GHもやいの家瑞穂・前出）

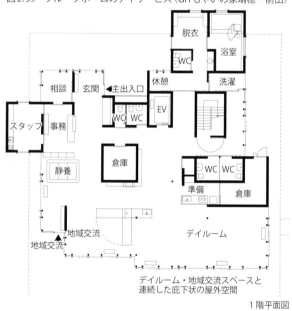

1階平面図

③ 設計事例

2000年・東京都杉並区　　　　　　　　　　　　　　　　　　　　　　　中村勉総合計画事務所

高齢者在宅サービスセンター 永福ふれあいの家

　永福ふれあいの家は都心にあって、数グループのデイサービスを実施できる通所型の施設であり、区の借上げ施設として民間が建設した。

　ふれあいの家の南側には広い庭があり、鑑賞だけでなく、機能回復の場として、また利用者が花や野菜を栽培しながら、自然に触れる場として考えられている。

　内部では「光のパッサージュ」（右写真）と名づけられた2層吹き抜けの空間が南からの明るい日差しを全体に受けている。光のパッサージュとは光あふれる街路という意味で、このパッサージュに沿って高齢者の活動の場が広がり、あたかも通りに面したカフェや店のショーウインドーのようなにぎわいを見せている。このカフェは、デイサービスのグループ活動だけでなく、ゆっくりと食べたい人が片づけを気にせず食べられたり、一人でのんびりいたいとき、また仲よしの二人でおしゃべりをする場として、パリのカフェのような街中の洒落た場所として設えられている。（中村勉）

光のパッサージュ

南側外観：光をコントロールする小庇をアクセントとした緩やかな曲線を描く

2階デイルーム：間仕切りをとると大空間として使える。光のパッサージュからの光と、ハイサイドライトの明るい室内

■建築概要

敷地面積：1,621.90m²　　　階数：地上2階
建築面積：795.78m²　　　　構造：鉄筋コンクリート造一部鉄骨造
延床面積：1,040.51m²　　　定員：70名
建ぺい率：49.06%　　　　　主な用途：デイサービスセンター
容積率：64.15%

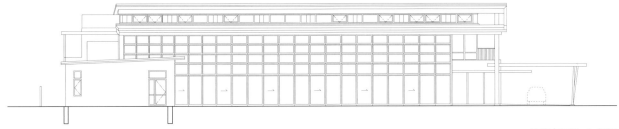
南側立面図　1/300

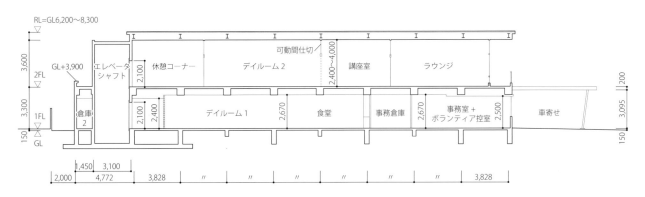
A-A断面図　1/300

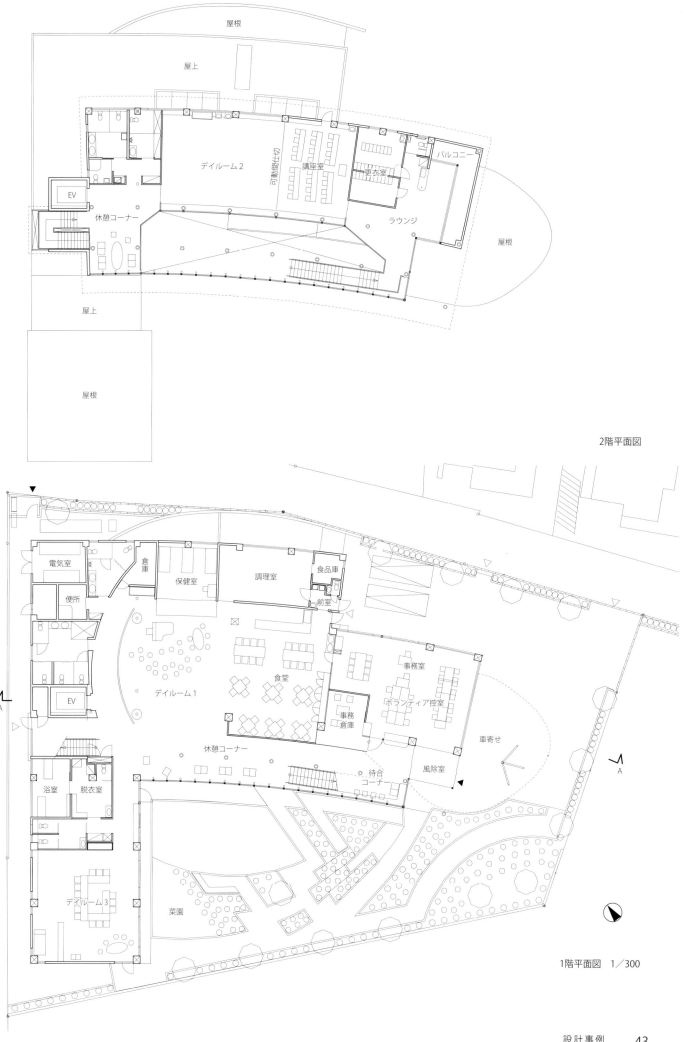

2006年・愛知県長久手市　　　　　　　　　　　　　　　　　　　　大久手計画工房

レスパイトハウスやさしいところ

本施設はデイサービスセンターであるが、従来型に比べてより利用者・介護者に喜ばれる施設づくりを目指し、より休息し癒される場所になるよう「レスパイトハウスやさしいところ」と名づけている。

具体的には、デイサービスにおける個別ケアを念頭においた質の高いサービスと環境を提供しようと、ホテルのもてなし、ホスピタリティと福祉施設のやさしさを融合させたケアを実践している。宿泊個室を9室設けデイルームと連携した運用をしている。

室内環境もこれまでのようなただ四角い部屋にトイレがカーテンで仕切られている福祉施設を感じさせるような部屋をやめ、利用者本人が居心地の良さを感じることができ、「またここに来たい」と思ってもらえる空間づくりに配慮した。介護を受ける当事者が安心して利用できるだけでなく、家族や介護している方も一緒に宿泊しながらレスパイトできるように、サービスの質を高める工夫をしている。

介護者の急な用事や体調不良などの緊急時の利用のために常に空室を用意していて、退院直後で自宅では介護できない人の利用もある。ヴィラのような雰囲気も喜ばれ、他施設から宿泊小旅行として楽しむケースもある。居心地や環境の質が求められた結果と考えている。（大井幸次）

西側立面図　1/250

3階平面図

2階平面図

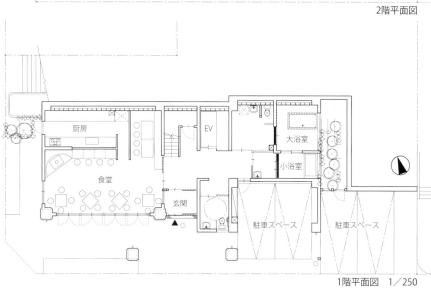

1階平面図　1／250

■ 建築概要

敷地面積：522.00m²
建築面積：269.00m²
延床面積：515.00m²
建ぺい率：51%
容積率：98%
階数：地下1階地上2階
構造：木造
定員：宿泊9名＋通所11名
主な用途：デイサービスセンター（宿泊サービス付）

設計事例　45

2007年・福岡県福岡市　　　風土計画一級建築士事務所

第二宅老所よりあい

「宅老所よりあい」は1991年、施設介護に限界を見た女性3人の活動に始まるこの分野では草分け的存在である。この建物はその第2施設で、2005年の地震被害を受け、長年親しんだ町から隣町へと新築移転したものである。計画に際しては、移転に伴う新たな地域社会とのかかわり方も重要なテーマとなった。職員や支援者らによる計画ワークショップ、近隣の人々との意見交換など、施設の計画がまちづくりの視点で議論された。

　敷地は、狭く高低差のある前面道路、南の陽を遮る神社の森などの難題を抱えていたが、それらを克服しつつ、さらに地域福祉「砦」の顔づくりに生かすことを試みた。また、木造架構や伝統建具を用いた気配を感じる空間づくり、新しい自然エネルギーの導入など、意匠・計画・技術面の充実にも努めた。

　隣町からの「第二宅老所 よりあい」の移転は、地域福祉の拡張であり時代の要請でもあった。高齢者を地域で支える仕組みの足掛かりがもたらされ、ここを核とした人々の安心の輪が広がりつつある。（大坪克也）

■建築概要

敷地面積：581.05m^2　　階数：地上2階
建築面積：208.20m^2　　構造：木造
延床面積：281.44m^2　　定員：12名
建ぺい率：35.8%　　主な用途：認知症対応型デイサービスセンター（宿泊サービス付）
容積率：48.4%

西側立面図　1／200

南側立面図　1／200

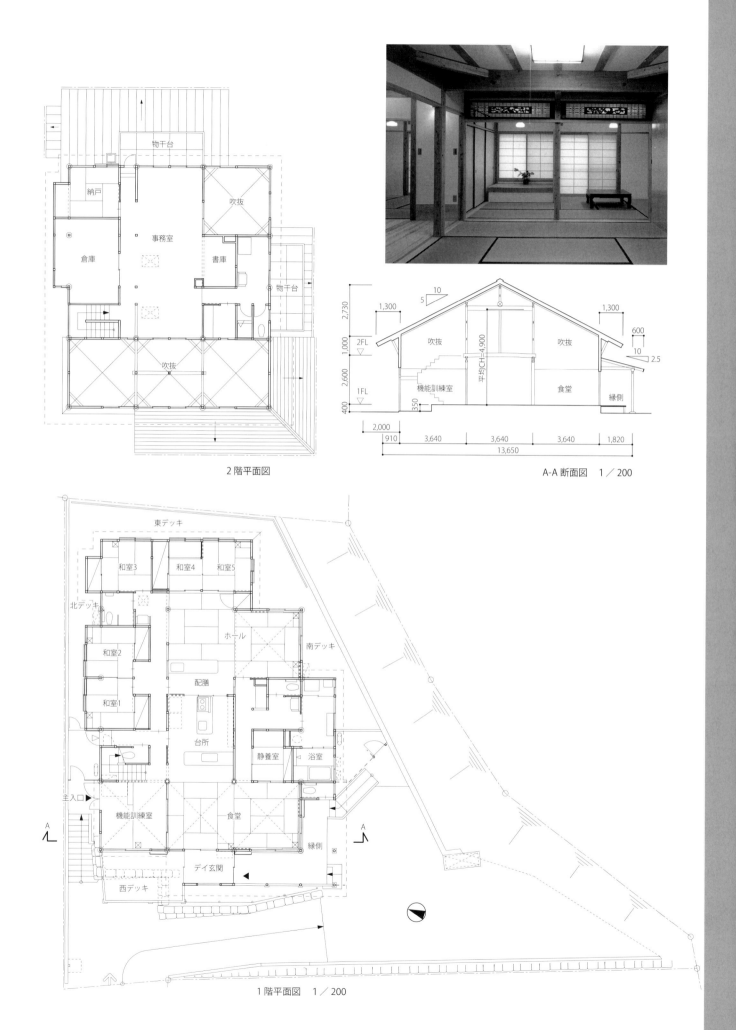

2階平面図

A-A断面図　1／200

1階平面図　1／200

設計事例

2010年・東京都日野市　　　　　　　　　　　　　　　　　　　東京都住宅公社、ネクスタクト

小規模多機能ホームさかえまち

　都営アパート1階の小規模多機能居宅介護を中心とした施設である。元は1階全体が高齢者デイサービスセンターだったが、南半分を小規模多機能ホーム、東半分を障害者授産施設（別法人）に改修した。

　RC躯体の制約で開口や大空間などが自由に作れない中で、南東角の一番開放的な場所に居間兼食堂がある。廊下と居間は、互いの雰囲気を感じつつも独立した空間となっている。談話スペースは、日中は面会や趣味活動などのもうひとつの拠点として、夜間は宿泊者と職員の団らんの場として活用される。和風を感じさせる内装は職員の案を元に計画され、空間・装飾・ケアの一貫性がこの施設を親しみやすい場所にしている。

　上階の一部には市の高齢者専用住戸があり、ホームはのちにその管理・相談業務を受託するとともに、事務諸室の一部をカフェに改装した。カフェは、ホーム利用者や上階居住者の居場所として、また地域の人の集う場所として、そしてホームが力をいれる若年性認知症利用者の働く場所として、様々な人を結びつける核となっている。
（文責・担当編集委員）

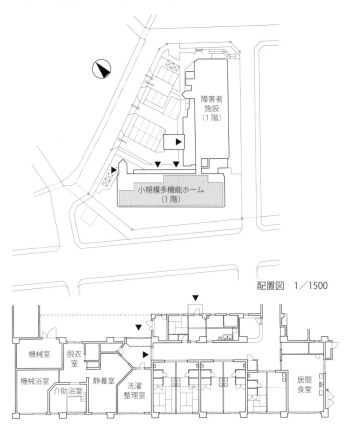

配置図　1／1500

改修前平面図　1／500

■建築概要（都営日野栄町2丁目アパート住棟内の小規模ホーム部分）
敷地面積（2号棟）：3,506.00m²
建築面積：941.07m²
延床面積（「さかえまち」部分）：478.21m²
階数：地上3階の1階部分
構造：鉄筋コンクリート造
登録定員：29名
主な用途：小規模多機能ホーム

都営アパート外観

カフェ　事務出入口

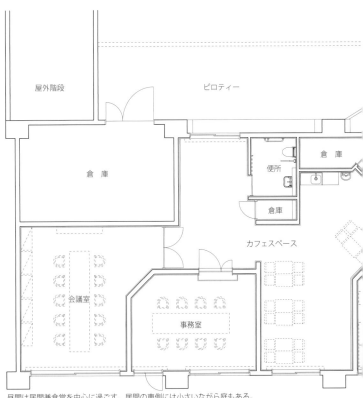

昼間は居間兼食堂を中心に過ごす。居間の東側には小さいながら庭もある。廊下との間は洗面コーナーとキッチンで緩やかに仕切られている。夜間は宿泊室に近い談話スペースが中心になる。宿泊室は8室ある

廊下

談話スペース

宿泊室前のアルコーブ

カフェスペース

改修後平面図　1/150

2001年・兵庫県尼崎市　　　　　　　　　　　　　　　　　　　　　外山義＋永野建築設計事務所

認知症高齢者グループホーム いなの家

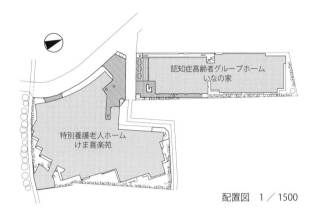

配置図　1／1500

　認知症のグループホームの設計において留意すべきことは、住まいの雰囲気をつくること、施設の住まい化ではなく「住まい」をつくることに尽きる。
　本計画は狭い道路を挟んで、本棟である特養棟との一体的な配置構成としている。グループホーム棟1階正面にはデイサービスゾーンを配置しており、その横に門を構え京町家の路地状の通路から各々グループホームの玄関に至る構成としている。
　ユニットは1階と2階に分かれている。1階は普通の日本家屋の玄関構成としている。段差もあえて設けてある（車椅子等の利用者のため、隣の2階ユニット用の玄関からスロープにてアプローチできるようにしている）。2階ユニットはエレベーターを利用し、すべてバリアフリー化している。
　中庭は心理的に求心性を持つとともに、落ち着いた外部空間が得られ、入居者に良好な環境を提供することができる。
　食事とトイレの場所は最後まで認知されているようなので、今回トイレは2部屋兼用としたが、ターミナルの対応を視野に入れたとき、各室専用トイレが必要と思われる。
　併設するデイサービスとは内部で繋ぎ、特養棟との交流が自然になされることも期待している。（永野一生）

■建築概要
敷地面積：1,141.95m²
建築面積：678.11m²
延床面積：999.80m²
建ぺい率：59.38%
容積率：87.55%
階数：地上2階
構造：鉄筋コンクリート造
定員：18名
主な用途：認知症高齢者グループホーム

A-A 断面図　1／400

西側立面図　1／400

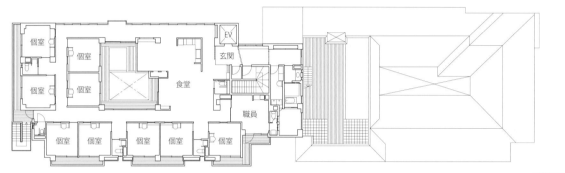

2階平面図

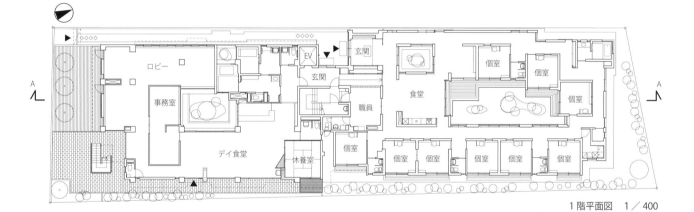

1階平面図　1／400

設計事例

2001年・熊本県上益城郡　　　　　　　　　　　　　　来夢建築設計事務所

グループホーム せせらぎ

■建築概要
敷地面積：696.77m²
建築面積：294.36m²
延床面積：320m²（増築部 155.7m²）
建ぺい率：42.24%（都市計画区域外）
容積率：45.92%（都市計画区域外）
階数：地上2階
構造：木造
定員：18名
主な用途：認知症高齢者グループホーム

　木造瓦葺きの民家を一部増築し、認知症対応型グループホームへ改修した。
　既存の住宅部分は、入居者のこれまでの地域での生活が違和感なく移行できるよう、法的に必要な改修以外既存の状態、雰囲気を残すよう努めた。
　玄関の段差もそのまま残し、まずは自分の足で上がってもらう。次に必要なら手すりを使う。介助が必要な人は、スタッフが援助を行うなど、入居者の能力に応じて、できるだけ自分の力で生活できるよう配慮した改修、運営が行われている。
　既存住宅の広縁は廊下でもあり、ここから緑の田園風景を眺めたり、お茶を飲んだり、入居者同士の語らいの場となるなど、多様な生活の場となっている。
　個室と水回りを新しく増築し、9室中6室が畳部屋となっている。
　これは、地域性によるものと、立ったり座ったりという座式の生活が身体能力の維持に有効であり、必要になったらベッド、椅子なども置けばいいという、オーナーの考えによるものである。（松下隆太）

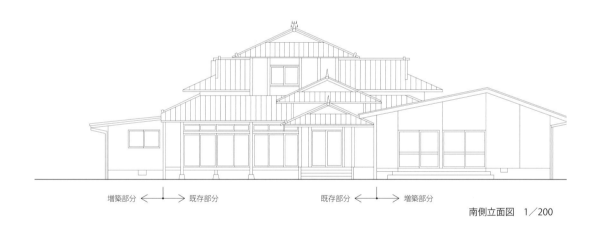

増築部分 ←→ 既存部分　　　既存部分 ←→ 増築部分

南側立面図　1／200

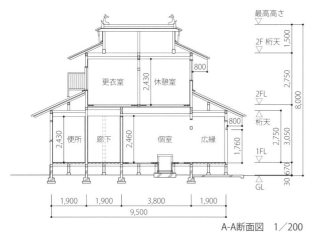

A-A断面図　1/200

1階平面図　1/200

2階平面図

設計事例

2013年・東京都練馬区　　沼田恭子建築設計事務所＋プロトフォルム一級建築士事務所＋塩田玲子建築設計事務所

上石神井特別養護老人ホーム

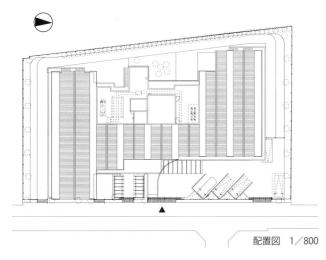

配置図　1/800

　都内近郊の幹線道路から少し奥まった住宅地域内のショートステイ付き、小規模のユニット型特別養護老人ホームである。広いバルコニーや庭園は周辺の道や緑地と関係づけて、建物と一体的な生活の場として車椅子使用者でも季節の変化を楽しめる。見慣れた勾配屋根が連続する外観は、戸建て住宅と集合住宅の混在する街並みに溶け込むスケール感と素材を大切にした。

　高齢の入居者が孤立せずに「自分の住まい」として違和感なく暮らせる居場所づくりでは、明るく開放的で見通しがよく、刺激の調整された「風が抜け、光が透ける空間」に心掛けた。集住に慣れず自由に動けない人でも、心身の状態に合わせて他人との距離感を選べるように、プライベートからパブリックまで階層的な構成で、なるべく多様な居場所を設けている。木質系の色彩や質感を基本にしたインテリアは、長年にわたり身につけた生活習慣を継続しやすい住宅スケールで構成し、日々の暮らし方に合わせて自分たちでアレンジしやすくするため、建築的につくりすぎないように配慮した。（沼田恭子）

■建築概要
敷地面積：2000.00m²
建築面積：956.78m²
延床面積：1729.83m²
建ぺい率：47.84%
容積率：86.49%
階数：地上2階地下1階
構造：鉄筋コンクリート造
定員：特養ユニット（10人×3）＋ショートステイユニット（6人×1）
主な用途：特別養護老人ホーム

東側立面図　1/400

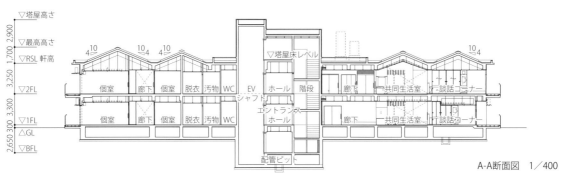

A-A断面図　1/400

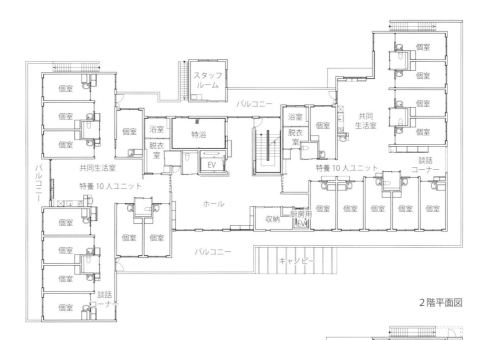

2階平面図

1階平面図　1/400

設計事例

2014年・神奈川県横浜市　　　　ヨシダデザインワークショップ＋健康設計

サービス付き高齢者向け住宅 わかたけの杜

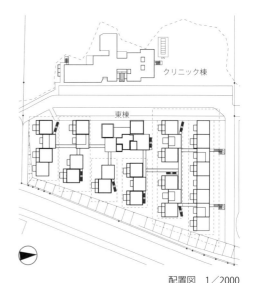

配置図　1/2000

■建築概要
敷地面積：15,617.16m²
建築面積：2,874.06m²
延床面積：3,788.48m²
建ぺい率：18.4%（50%）
容積率：24.2%（200%）
階数：地上2階
構造：木造（東棟）、鉄骨造（クリニック棟）
定員・規模：50m²タイプ44戸、40m²タイプ4戸、20m²タイプ20戸
主な用途：サービス付き高齢者向け住宅、在宅療養支援診療所、24時間訪問介護・看護事業所
企画・監修：井上由起子（日本社会事業大学専門職大学院教授）

　サービス付き高齢者向け住宅に診療所・24時間対応の訪問介護・看護を併設し、隣接する老健と特養のデイサービスの連携によって地域コミュニティを生み出す地域包括ケアが自己完結した「高齢者が住み続けられる都市」として計画を行った。
　敷地を東西に分断する高圧電線下をスパインとすることで施設間を繋ぐ利用者の交流と憩いのプロムナード（イベント広場）として整備すると同時に、施設全体を「土に近い暮らし」の享受と保存樹林を持つ敷地景観に配慮した2階建てとし、外観を色やズレによって分節することで視認性を高めるデザインとした。
　「気配が伝わる」といった自然・隣人との距離感こそ重要と考え、東棟ではコミュニティの核となるセンターハウス（EV、食堂、ラウンジ）を中心に、7棟を空中歩廊で繋ぐ低層分棟連結型とすることで上下の視線が立体的に交差する。有孔折板のスクリーンを通して外部に気配が感じられる住戸（50m²）は可動間仕切りと家具によって、ADLが低下してもQOLの低下を招かない自由な平面が選択できる。診療所併設のクリニック棟は森に開いた共用リビングをもつ住戸（20m²）と光庭をもつ住戸（40m²）があり、住戸選択の幅をさらに広げている。（吉田明弘）

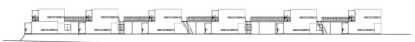

東棟東側立面図　1/1000

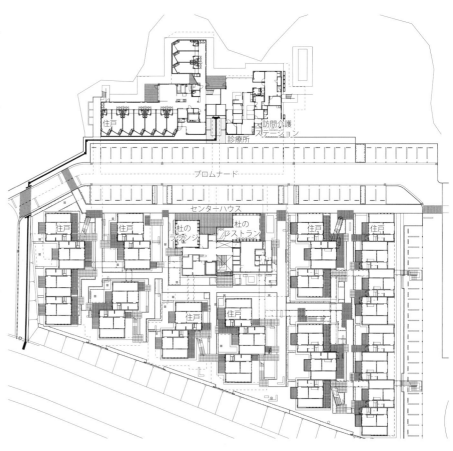

1階平面図　1/1000

クリニック棟住戸

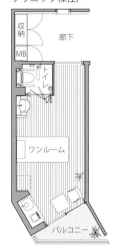

20m²のワンルームタイプ

40m²でアウターリビングのあるタイプ

東棟住戸

50m²で間取りを自由に変えられるタイプ

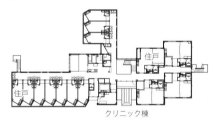

クリニック棟

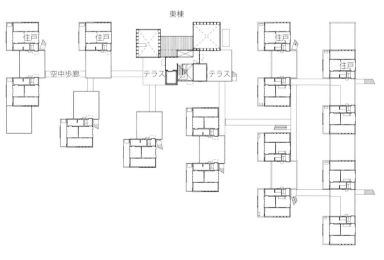

2階平面図

設計事例　57

2014年・福岡県太宰府市　　　　　　　　　　　　　　　　　　　　　大久手計画工房

コレクティブハウス アクラスタウン

コレクティブハウス アクラスタウンは独自の「社会型有料老人ホーム」というコンセプトで運営している。南側と北側に接道のある間口17m、奥行き50mの南北に細長い敷地に3棟（鉄筋コンクリート造3階建て、木造2階建て、鉄筋コンクリート造2階建て）の建物を小さな中庭や路地を形成して配置している。2階の高さでは、路地の延長で回遊するデッキで結んでいる。中庭、路地、デッキに面して食事処やカフェ、ギャラリー、図書室、整体院などがあり、入居者の利用だけでなく地域住民に開放している。大きな建物にせずに分棟とし、各場所に独立性をもたせて配置することで、来訪者も気軽に利用でき、入居者も社会性をもって暮らせる。高齢者が地域でいろんな世代の人と一緒に暮らせるように"街"を施設の中に取り込んでいる。

医療ニーズの高い重度な人から比較的身体の自由の利く要支援の人、ファミリー、単身者、学生がともに住めるよう多様な形の居室を用意している。重度の利用者の居室では間仕切りを開け放つことが可能で、寝たきりになっても部屋に寂しくこもることなく、人の気配を感じて過ごすことができるようになっている。（町田寛之）

■建築概要
敷地面積：1,014.50m²　　階数：地上3階一部2階
建築面積：602.06m²　　　構造：鉄筋コンクリート造、木造
延床面積：1,341.52m²　　定員：50名
建ぺい率：59%　　　　　　主な用途：有料老人ホーム
容積率：132%

RC造棟

木造棟

西側立面図　1／400

3階平面図

2階平面図

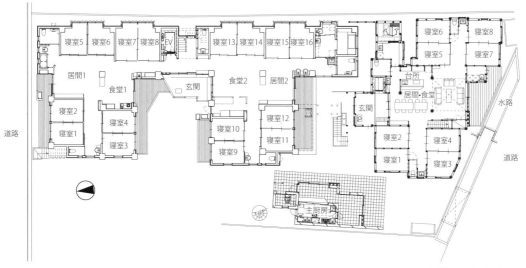

1階平面図　1／400

4 設計図面

2014年・愛知県西尾市　　　　　　　　　　　　　　　　　　　大久手計画工房

特別養護老人ホーム せんねん村矢曽根

南側全景

車寄せ、共用棟を見る

　本施設は西棟、東棟、共用棟、木造棟の4棟からなる。西棟は1階から3階を特養、4階を研修室。東棟は1・2階を特養、3階をショートステイ。木造棟は1階をデイサービス、2階を児童クラブ（学童保育）としている。各棟を渡り廊下で結ぶかたちの管理部門として共用棟がある。分棟にすることでできるだけ建物の大きさを抑え、周辺環境に配慮している。

　無垢の杉材をを内装や家具、建具に多用し、温かな生活空間としている。特別養護老人ホームは耐火建築物とする必要があるが、できるだけ多く木を使いたいという要望から、デイサービスや児童クラブに利用する木造棟は別棟とすることで規制を外し、杉の柱や梁が見える空間としている。

　特養およびショートステイは全室個室ユニットケア方式で、介護職員が手薄となる夜間を考慮し、2ユニットを1単位として一つの階に配置している。ユニットの台所・職員控室を裏動線で繋ぎ、ユニット間の職員の連携を図っている。ユニットの共同生活室は個室に囲まれた場所になりがちだが、中庭や外に面したデッキテラスのある開口部を設け、広がりのある場所としている。共用部分に面した個室は、旅館の部屋のような前室を設けプライバシーに配慮している。
　　　　　　　　　　　　　　　　　　　　　　　（町田寛之）

■建築概要

敷地面積：4,355.99m²　　　階数：地上4階
建築面積：2,196.42m²　　　構造：鉄骨造、木造
延床面積：5,655.65m²　　　定員：特養100名、ショートステイ20名、デイサービス
建ぺい率：50%　　　　　　　　　24名、児童クラブ36名
容積率：130%　　　　　　　主な用途：特別養護老人ホーム

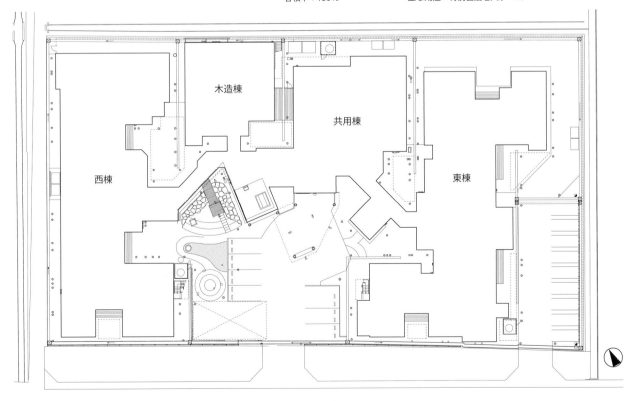
配置図　1/600

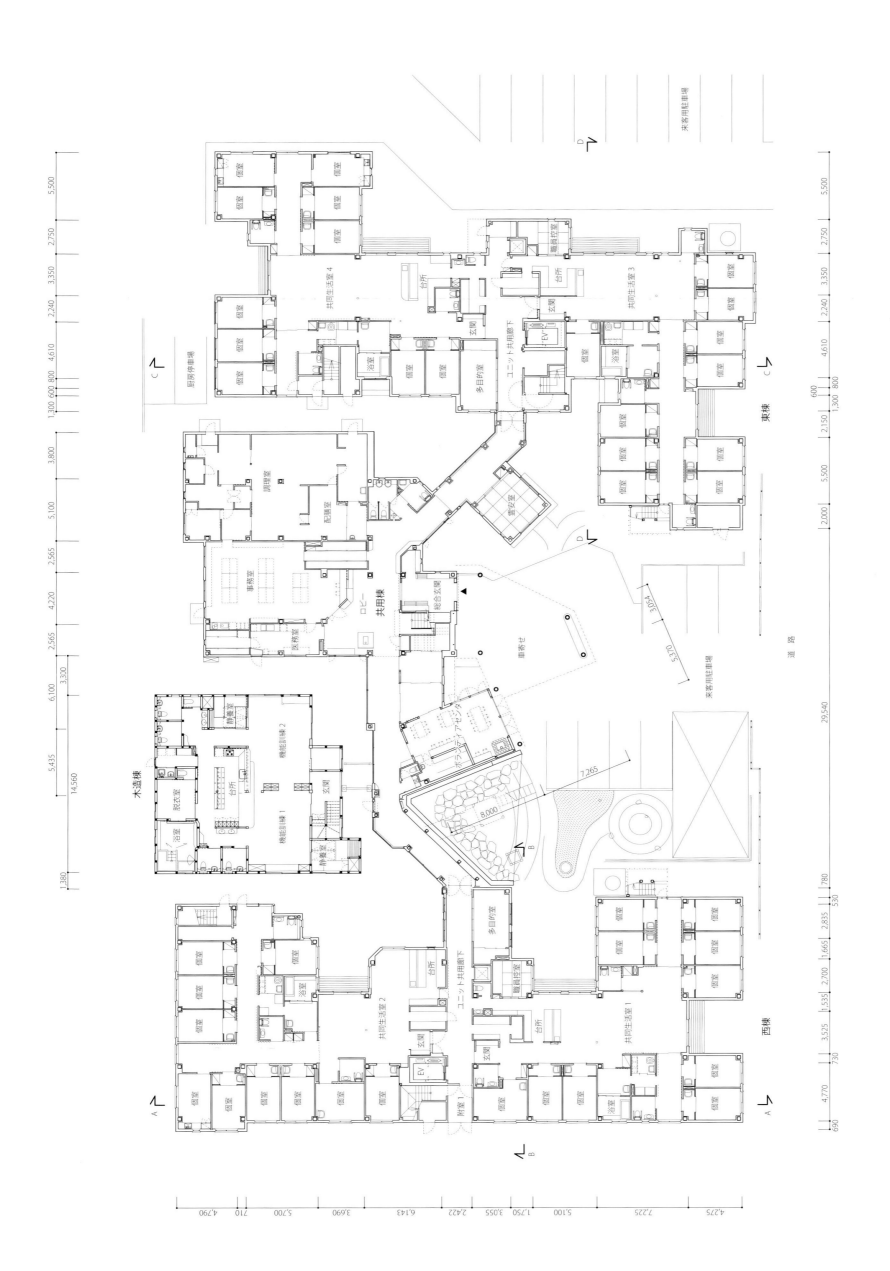

特別養護老人ホーム せんねん村矢曽根
1階平面図　scale 1/300

特別養護老人ホーム せんねん村矢曽根
2階平面図　scale 1/300

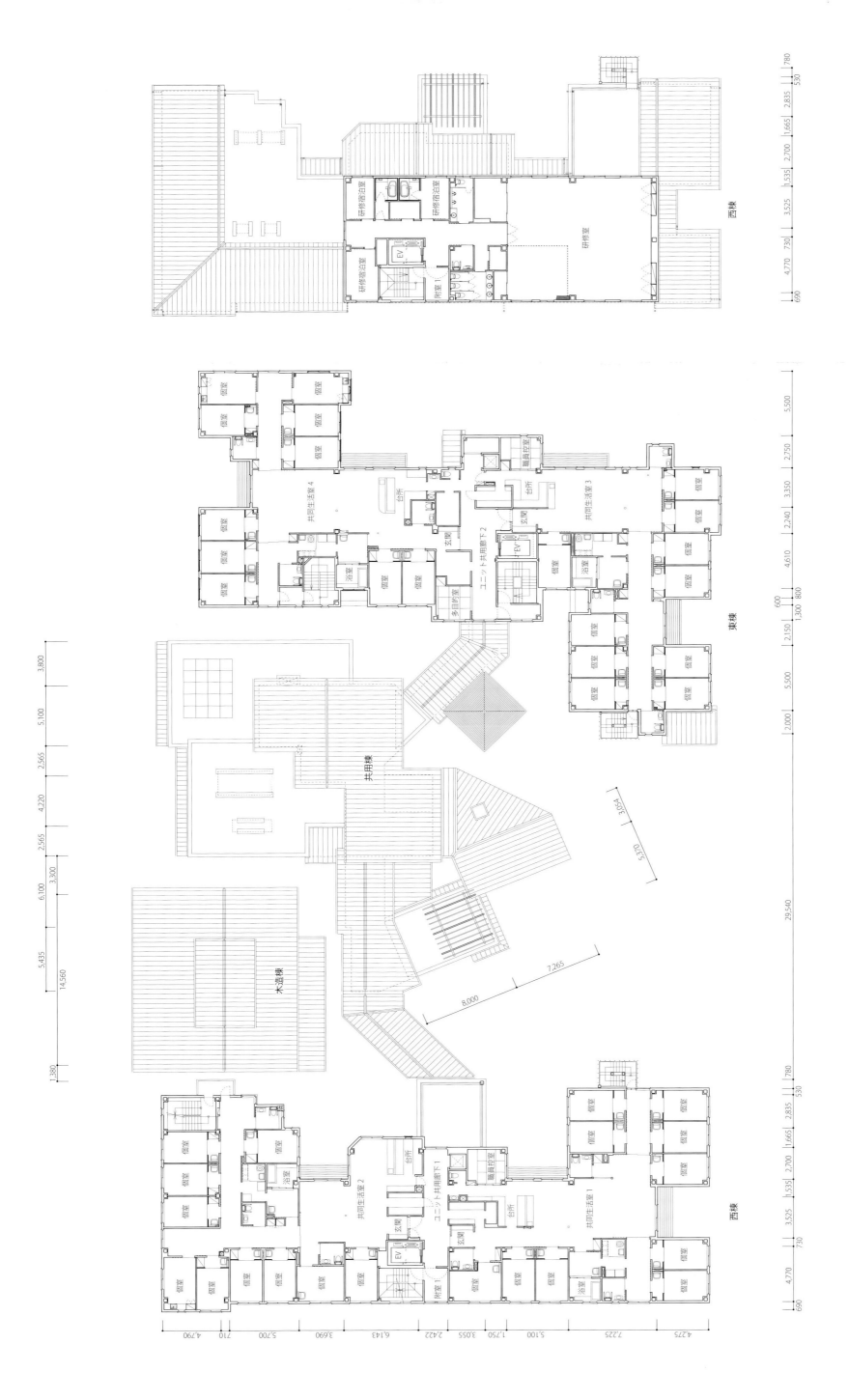

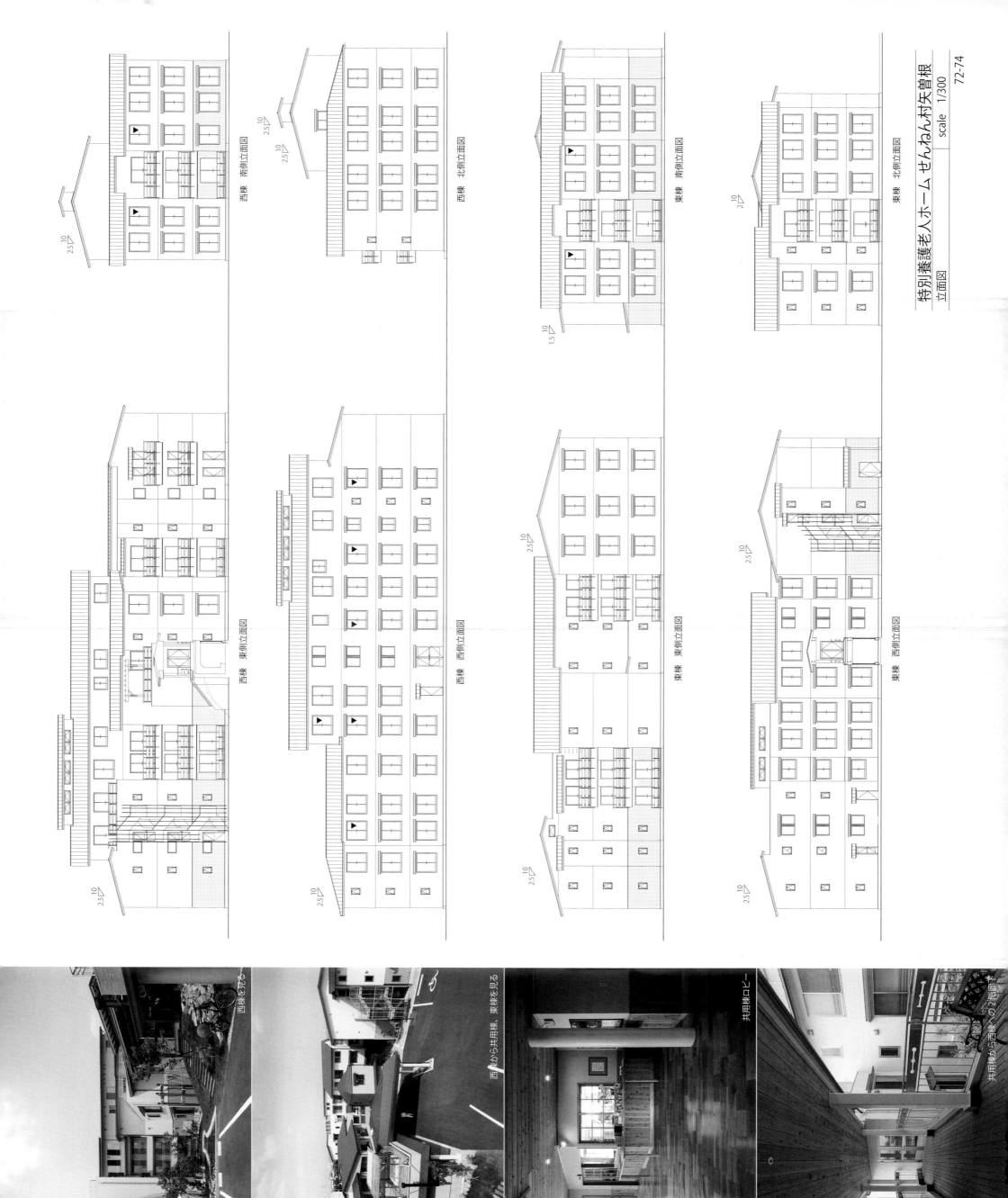

特別養護老人ホーム せんねん村矢曽根
立面図 scale 1/300

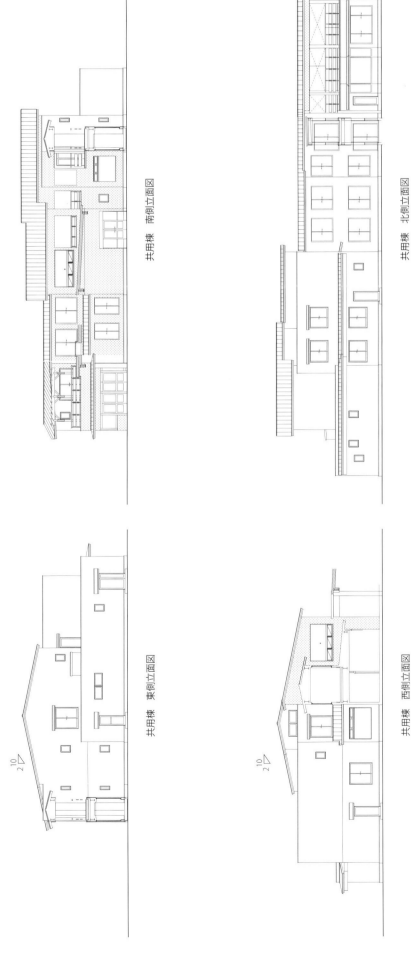
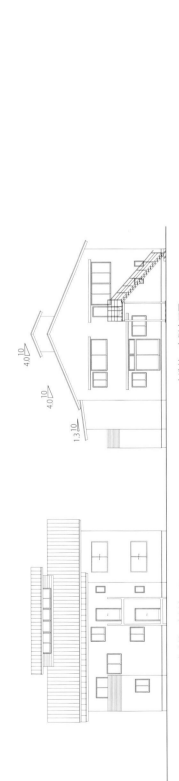
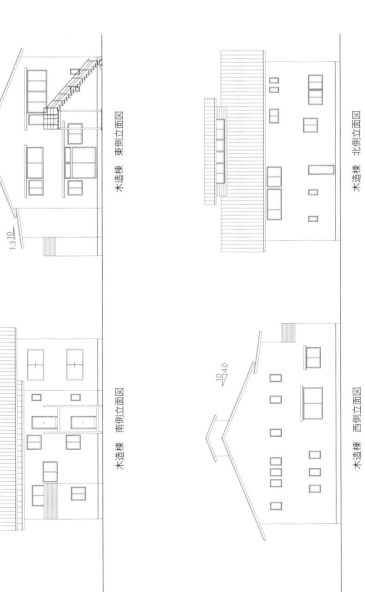

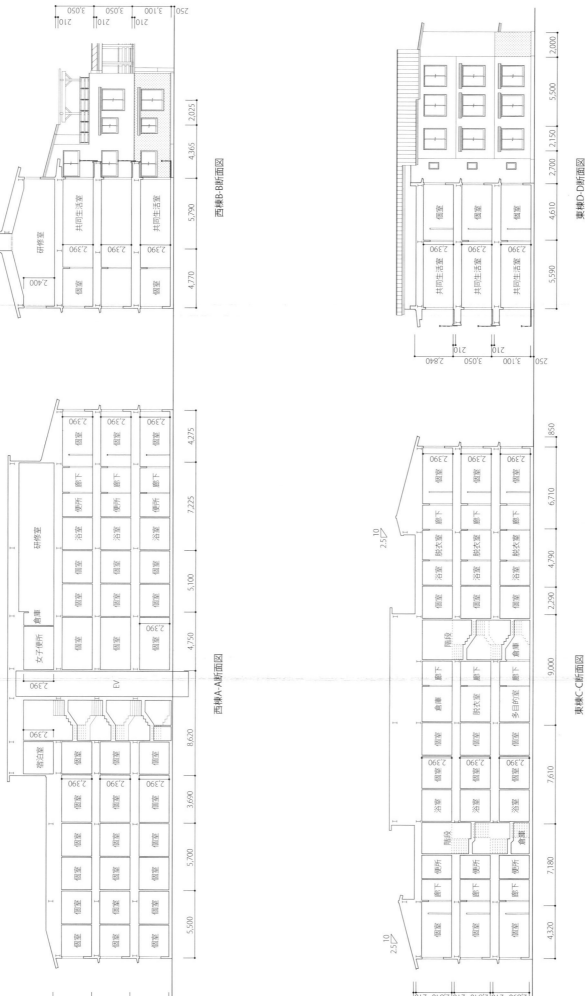
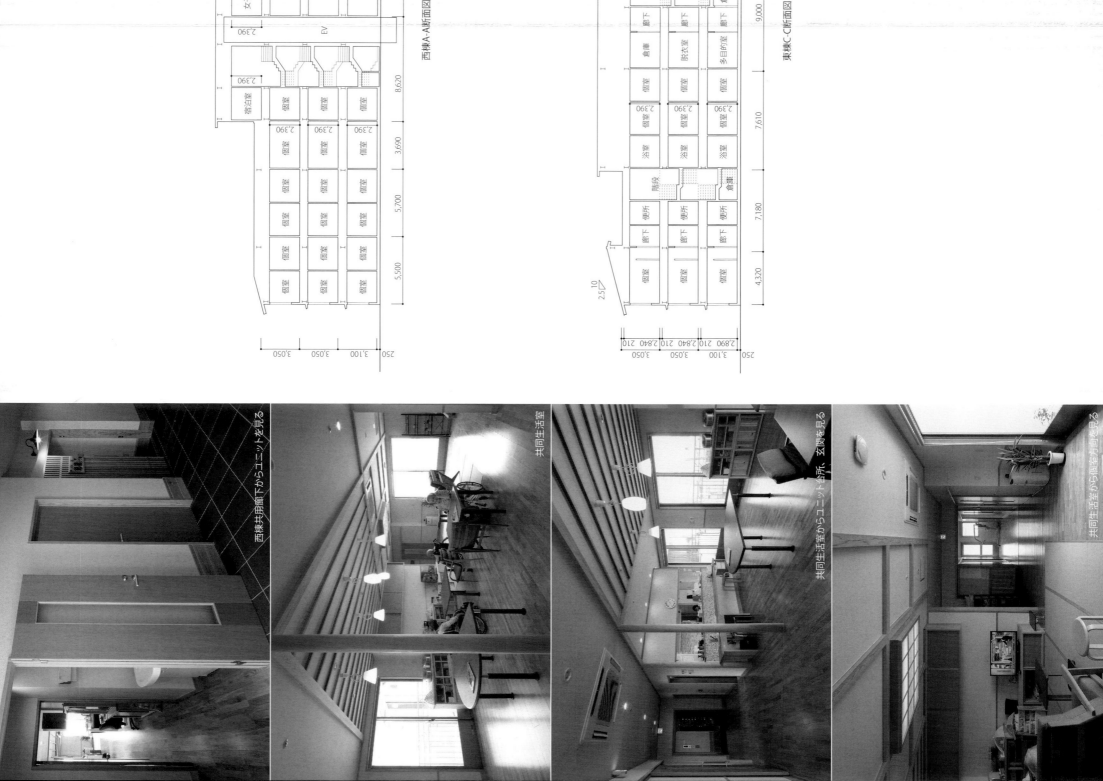

特別養護老人ホーム せんねん村矢曽根
断面図
scale 1/300

個室 ／ 2階特浴室 ／ ユニット内浴室

特別養護老人ホーム せんねん村矢曽根
2階ユニット平面図　scale 1/100

図版出典

- 内閣府「平成29年版高齢社会白書」より作成：図1.1
- 厚生労働省「平成25年　国民生活基礎調査の概況」より作成：図1.2
- 井上由起子著『いえとまちのなかで老い衰える―これからの高齢者居住　そのシステムと器のかたち』中央法規出版、2006年：図1.6
- 川崎寧史・山田あすか編著『テキスト建築計画』学芸出版社、2010年：図1.8、図2.18、図2.20、図2.22、図2.27、図2.31
- 川崎寧史・山田あすか編著『テキスト建築計画』学芸出版社、2010年より作成：図2.19
- 日本医療福祉建築協会編『小規模多機能サービス拠点の計画―目指すべき方向性と考え方』日本医療福祉建築協会、2006年：図1.14、図2.28
- 日本建築学会編『高齢者のための建築環境』彰国社、1994年：表2.2、図2.15
- 建設省「長寿社会対応住宅設計指針」1995年より作成：図2.16
- 能美防災（株）「リング型表示灯付発信機」パンフレットをもとに作成：図2.17
- 社団法人シルバーサービス振興会編『新訂版　老人保健福祉施設マニュアル　生活視点の高齢者施設　新世代の空間デザイン』中央法規出版、2005年をもとに作成：図2.21

参考文献

- 児玉圭子・古賀誉章・沼田恭子・下垣光編著『PEAPにもとづく認知症ケアのための施設環境づくり実践マニュアル』中央法規出版、2010年
- 児玉桂子編『講座 超高齢者社会の福祉工学　高齢者居住環境の評価と計画』中央法規出版、1998年
- 佐藤通生「高齢者向け居住施設・住宅の現状と課題」『調査と情報-ISSUE BRIEF-　No.817』国会図書館、2014年3月4日

写真撮影者・提供者

大久手計画工房提供：p44、p45、p58下右
北嶋俊治：p56、p57
古賀誉章：図2.3、図2.4、図2.5、図2.6、図2.7左・右、図2.8、図2.9、図2.10、図2.11、図2.12、図2.13、図2.14、図2.36左、コラム④、p49上左・上右・下左、p50上・中左・下左・下右、p51
彰国社写真部：p54、p55、p58上・中・下左、p59、p62、p72、p77、p78、p83
新写真工房／堀内広治：p42
風土計画一級建築士事務所提供：p46、p47
マザアス／黒澤信一提供：p48、p49下右
山田あすか：図1.5、図1.7、図2.24、図2.25、図2.29、図2.30、図2.31中・右上・右下、図2.32左上・左下、図2.33下、図2.34下、図2.37左、図2.39右上・右下、コラム③、p50中右
来夢建築設計事務所提供：p52、p53

著者略歴

山田あすか（やまだ　あすか）

1979 年	広島県生まれ
2005 年	東京都立大学大学院工学研究科建築学専攻博士課程修了 日本学術振興会特別研究員
2006 年	立命館大学理工学部建築都市デザイン学科講師
2009 年	東京電機大学未来科学部建築学科准教授、現在に至る 博士（工学）、一級建築士

主な著書：『建築のサプリメント』『建築設計テキスト　保育施設』（共著、彰国社）、『認知症ケア環境事典』（共著、日本建築学会）、『テキスト建築計画』『空き家・空きビルの福祉転用』（共著、学芸出版社）、『ひとは、なぜ、そこにいるのか』（青弓社）、『こどもの環境づくり事典』（共著、青弓社）

古賀誉章（こが　たかあき）

1968 年	東京都生まれ
2003 年	東京大学大学院工学系研究科建築学専攻博士課程修了
2010 年	東京大学大学院工学系研究科建築学専攻助教
2016 年	宇都宮大学地域デザイン科学部建築都市デザイン学科准教授、現在に至る 博士（工学）、一級建築士

主な著書：『建築空間のヒューマナイジング　環境心理による人間空間の創造』『基礎からわかる　建築環境工学』（共著、彰国社）、『PEAPにもとづく認知症ケアのための　施設環境づくり実践マニュアル』（共著、中央法規出版）

建築設計テキスト　高齢者施設

2017 年 10 月 10 日　第 1 版　発　行

編　者　建築設計テキスト編集委員会
著　者　山田あすか・古賀誉章
発行者　下　出　雅　徳
発行所　株式会社　彰　国　社

162-0067　東京都新宿区富久町 8-21
電話　　03-3359-3231（大代表）
振替口座　00160-2-173401

著作権者との協定により検印省略

自然科学書協会会員
工学書協会会員

Printed in Japan

© 建築設計テキスト編集委員会（代表）2017年
印刷：真興社　製本：ブロケード

ISBN 978-4-395-32066-0 C3352　　http://www.shokokusha.co.jp

本書の内容の一部あるいは全部を、無断で複写（コピー）、複製、および磁気または光記録媒体等への入力を禁止します。許諾については小社あてご照会ください。